LES

VACANCES D'UN MÉDECIN

1884

Danemark. — Suède. — Norwége. — Laponie.
Lübeck. — Hambourg. — Amsterdam.
Anvers.

OUVRAGES DU MÊME AUTEUR

Leçons cliniques sur les maladies de la peau. 1 vol. in-8 de 700 pages.. 8 fr.

Nouvelles leçons cliniques sur les maladies de la peau. 1 vol. in-8 de 826 pages.................................. 10 fr.

Nosographie et thérapeutique des maladies de la peau. 1 vol. in-8 de 359 pages.................................. 6 fr.

Traité pratique des maladies de la peau, diagnostic et traitement. 1 vol. de 392 pages.................................. 6 fr.

Les Vacances d'un médecin (1re série) : les Pyrénées ; Amélie-les-Bains ; les Alpes ; Saint-Gervais ; le Danube; Constantinople; l'Italie ; la Bretagne; la Belgique ; le Dauphiné ; la Grande-Chartreuse ; Allevard.. 3 fr.

Les Vacances d'un médecin (2e série) : Un mois au delà des Alpes ; l'Italie ; la Sicile.. 2 fr.

Les Vacances d'un médecin (3e série) : Berne ; Fribourg ; le tour du Mont-Blanc ; le Grand Saint-Bernard ; Corrèze ; Jolimont ; Viélaines.. 3 fr.

Les Vacances d'un médecin (4e série) : l'Allemagne; la Russie; le Volga; la Tartarie; la Pologne; Vienne; Strasbourg.... 3 fr.

3108-85 — Corbeil. Typ. et stér. Crété.

LES VACANCES

D'UN MÉDECIN

PAR

M. LE Dr E. GUIBOUT

MÉDECIN DE L'HOPITAL SAINT-LOUIS

CHEVALIER DE LA LÉGION D'HONNEUR, ETC.

CINQUIÈME SERIE

1884

Danemark. — Suède. — Norwége. — Laponie

Lübech. — Hambourg. — Amsterdam

Anvers

PARIS

G. MASSON, ÉDITEUR

LIBRAIRE DE L'ACADÉMIE DE MÉDECINE

120, Boulevard Saint-Germain, en face de l'École de Médecine

M DCCC LXXXV

AUX

MISSIONNAIRES CATHOLIQUES

DE HAUTE NORWÈGE ET DE LAPONIE NORWÉGIENNE

LE P. BERTHIER, A THRONDJEM (1)

LES PP. ERICK WANG ET CRUL, A TROMSÖ

Que ce livre, mes Révérends Pères, soit, pour vous, un souvenir de notre passage dans vos lointains parages, et un témoignage de notre reconnaissance pour la cordialité de votre accueil.

E. GUIBOUT.

(1) Notre livre était déjà à l'imprimerie, quand une affreuse nouvelle nous est arrivée : le R. P. Berthier, regagnant la Norwège, au retour d'un voyage à Paris, où nous avions eu le plaisir de le recevoir, a fait naufrage et a péri, dans les flots de la mer du Nord (février 1885) !

C'est avec une profonde douleur, que nous payons un juste tribut de regrets à ce saint prêtre ; sa vie n'était que sacrifice et dévouement ; et ses vertus se retraçaient sur sa vénérable et sympathique figure.

Transiit benefaciendo.

AVANT-PROPOS

La première idée de ce voyage m'a été suggérée, à l'hôpital Saint-Louis, par M. Dauchez, mon ancien interne, actuellement docteur, chef de clinique adjoint de la Faculté, et bientôt, je l'espère, médecin des hôpitaux de Paris. Tandis que beaucoup de jeunes gens recherchent des distractions frivoles, lui, esprit sérieux, travailleur, avide de connaître, consacra, pendant plusieurs années, ses vacances et ses ressources à d'instructifs voyages, notamment au voyage de Suède, de Norwège et de Laponie.

J'avais grand plaisir, après la visite des malades, à l'entendre me raconter sa navigation dans la mer polaire, dans les fjords de la Norwège, sur les lacs de la Suède et sur le canal de Gothie. Il me parlait avec enthousiasme des phénomènes météorologiques de ces régions septentrionales, des jours sans fin, des nuits lumineuses, du soleil ne se couchant jamais, et toujours sur l'horizon, à minuit comme à midi. Il avait vu les Lapons, ces avortons de l'humanité, ces peuplades naines, à demi sauvages, essentiellement nomades, toujours errantes, incapables de se fixer nulle part, réfractaires à toute constitution politique et sociale. Il avait vu des troupeaux de rennes, la seule propriété, la seule richesse du Lapon, curieux animaux, que l'on trouvait autrefois, aux époques préhistoriques, dans presque toute l'Europe, et qui, maintenant, relégués au nord, ne se rencontrent plus que dans ses zones les plus septentrionales et les plus glacées. La nature lui avait présenté partout une infinie variété d'aspects, tour à tour riants, terribles et grandioses, de verdoyantes vallées, d'immenses glaciers, de colossales montagnes, d'incomparables cascades.

Il n'en fallait pas tant pour éveiller en nous le désir de voir toutes ces merveilles, d'aller dans ces lointains pays y chercher de semblables impressions, de semblables souvenirs, et, sans nous effrayer des distances, nous sommes partis !

DE PARIS EN SUÈDE (A MALMÖE)

PAR

HAMBOURG ET COPENHAGUE

DE PARIS EN SUÈDE (A MALMŒ)

PAR

HAMBOURG ET COPENHAGUE

Le 18 août 1884, à dix heures et demie du soir, nous arrivions à la gare du Nord, accompagnés de notre frère Paul ; M. et madame de Mauriac nous y attendaient, ils y étaient aussi, le 25 août de l'année précédente, quand nous partions pour la Russie. Rien n'est doux au cœur comme ces adieux, ces embrassements, ces poignées de mains du départ ; comme ces mouchoirs qui s'agitent encore, quand déjà on est loin les uns des autres. Nous allions en Danemark, en Suède et en Norwège !...

Le lendemain matin, à onze heures, nous sommes à Cologne ! — Cinquante-deux minutes d'arrêt !... c'est trop pour le déjeuner ; malgré la chaleur, nous courons à la cathédrale, voisine de la gare. Pendant quelques instants, malheureusement trop courts, nous contemplons ces flèches aériennes, prodigieuses dentelles de pierre, et ces nefs immenses, vénérables témoins du génie et de la foi des treizième et quatorzième siècles, sous lesquelles, un an auparavant, nous avions entendu la messe. Mais le train part... il faut nous arracher à ces incomparables splendeurs du moyen âge, qui sont encore, et qui resteront, quoi qu'on dise et quoi qu'on fasse, le plus grandiose ornement de nos cités, et la gloire la plus pure, comme la plus éclatante de notre civilisation moderne.

Nous traversons le Rhin, sur un pont de fer, long de 426 mètres, sur lequel passent, en même temps, à une effrayante hauteur au-dessus du fleuve, les piétons, les wagons et les voitures. Les vastes plaines de la Prusse s'ouvrent devant nous, avec leurs monotones horizons ; une multitude de voies ferrées les sillonne, dans toutes les directions ; ce sont des contrées industrielles, des houillères parsemées de fabriques, d'usines, de forges, de hauts fourneaux ; une activité fiévreuse règne partout ; nous sommes chez un grand peuple.

Une des stations est Dusseldorf, ville de cinquante mille habitants, fameuse par son académie de peinture, et patrie du peintre Cornélius ; une autre est Osnabruck, on s'arrête pour y dîner. Plus loin, c'est Munster, capitale de la Westphalie, où fut signé, en 1648, le célèbre traité de paix qui termina la guerre de *Trente-Ans*, et nous donna l'Alsace, les trois évêchés de Metz, de Toul et de Verdun, ainsi que les forteresses de Philippsbourg et de Pignerol, clefs de l'Allemagne.

A Munster, pouvions-nous ne pas songer encore aux Anabaptistes, à Jean de Leyde, et à tous ces tragiques événements du commencement du seizième siècle, qui inspirèrent à Meyerbeer tant de sublimes mélodies, et, en particulier, la marche triomphale du *Prophète*, dans les majestueuses nefs de cette grande cathédrale, dont nous apercevions les deux clochers ?

Plus loin, nous sommes à Brême, ville de quatre-vingt mille habitants, sur le Weser, l'une des trois villes hanséatiques, port de commerce important, où s'embarquent la plupart des Allemands qui émigrent en Amérique.

A neuf heures du soir, le train stationne à Hambourg. Nous aurions pu, après quinze minutes d'arrêt, poursuivre notre route, toujours à grande vitesse, jusqu'à Kiel, où nous serions arrivés à deux heures du matin. Là, des wagons nous passions sur le paquebot, tout prêt à partir ; à onze heures nous débarquions en Danemark, à Korsör, d'où le chemin de fer nous conduisait, en moins de deux heures, à Copenhague ; telle était la voie la plus courte et la plus directe. Mais c'eût été, sans désemparer, une course vraiment vertigineuse, trop longue et trop rapide ; nous préférâmes rester à Hambourg.

En gagnant l'*hôtel de l'Europe*, nous traversons de larges rues, brillamment éclairées, bordées de somptueux magasins et de maisons monumentales, dont plusieurs, en briques rouges, surmontées de pignons dentelés et triangulaires, ornementées de tourelles, d'encorbellements et de fenêtres ogivales, nous offraient de gracieux et pittoresques spécimens de l'architecture du moyen âge. Notre excellent hôtel est sur le bord d'un lac, formé, dans l'intérieur de la ville, par une rivière appelée l'Alster, qui s'élargit, avant de se jeter dans l'Elbe, en un vaste et magnifique bassin circulaire, peuplé de cygnes, entouré de constructions élégantes, et de beaux ombrages, rendez-vous des promeneurs.

Hambourg, sur la rive droite de l'Elbe, est une des trois villes hanséatiques ; c'est la plus riche de l'Allemagne du Nord, et l'une des plus importantes de l'Europe, tant par sa population de deux cent mille âmes, que par son immense commerce avec toutes les nations du globe. Nous avons parcouru la ligne interminable de ses quais, et de tous côtés, notre vue se perdait sur une incroyable multitude de navires de tous les pays, et de tous les tonnages, et sur une inextricable forêt de mâts, de vergues et de cordages.

Par une splendide matinée, nous étions assis dans un délicieux square, dont les pelouses, les fleurs, et les massifs de verdure, faisaient, à la gare du chemin de fer, le plus gracieux encadrement. C'est là, dans ce jardin, à la fraîcheur du matin, et sous le plus beau ciel d'azur, que nous attendîmes le train qui devait nous mener à Copenhague.

Ce fut une longue journée de voyage ; nous traversâmes dans toute leur longueur les fameux duchés du Holstein et du Schleswig, que la Prusse, naguère, arracha au Danemarck, comme elle devait, hélas ! peu de temps après, nous arracher l'Alsace et la Lorraine.

Ces duchés devaient tenter les convoitises de leur

puissante voisine ; c'était pour le vautour une proie appétissante. La vue s'y promène partout sur une nature féconde, plantureuse, sur des bois, sur de verdoyantes prairies, où paissent de nombreux troupeaux, sur des champs bordés de haies vives, et entrecoupés de hautes futaies. L'aspect de ce pays rappelle le *Bocage* de notre basse Vendée. Les maisons n'y sont point agglomérées en hameaux et en villages ; elles sont isolées, éparses, loin les unes des autres, entourées chacune d'une ceinture de grands arbres, formant ainsi des îlots, des oasis au milieu de la solitude des champs.

Au delà du Schleswig, nous entrons dans le Jutland ; à Frédéricia, il faut quitter le chemin de fer : le détroit qu'on appelle le *petit Belt* nous barre le passage ; un paquebot nous le fait traverser en une heure, et nous dépose, sur l'autre rive, dans l'île de Fionie. Une autre voie ferrée nous y attend, et nous conduit à *Nyborg*, où, de nouveau, il faut nous embarquer pour franchir un autre détroit, le *grand Belt*. Cette fois la traversée est de deux heures ; nous dînons sur le paquebot, pendant qu'un magnifique coucher de soleil illumine et embrase la mer ; le jour baisse, nous abordons à Korsör, dans l'île de Seeland ; nous remontons en chemin de fer, et à dix heures et demie du soir, après avoir été, toute une journée, transvasés et ballottés, de wagons en paquebots, et de paquebots en wagons, nous arrivons enfin à Copenhague.

Tous les ans, le flot des voyageurs se porte vers la Suisse, l'Italie, les Pyrénées, l'Espagne. Cette année, le choléra arrêtant son cours ordinaire, et changeant sa direction, l'avait fait refluer vers le Nord, et remonter jusqu'en Danemark, en Suède et en Norwège. Ces pays lointains, relégués dans une zone septentrionale, en dehors du courant habituel, et d'un abord difficile, n'étaient pas préparés à le recevoir. Pendant les mois de juin et de juillet, les hôtels et les paquebots furent encombrés et insuffisants. Cette insuffisance existait même encore à la fin d'août : aussi, à Copenhague, quand nous nous présentâmes à l'*hôtel d'Angleterre*, l'un des principaux de la ville, il fut impossible de nous y recevoir. On nous adressa à l'*hôtel du roi de Danemark* ; là encore tout était plein.

La situation allait devenir embarrassante et critique ; à une heure avancée de la nuit, à minuit, que faire ? où nous caser, dans une ville qui nous était inconnue, et où nous avions la plus grande peine à nous faire comprendre ? Enfin, à force d'instances, l'*hôtel du roi de Danemark*, qui d'abord nous avait poliment, mais impitoyablement repoussés, consentit à nous donner un gîte ! au cinquième étage, un trou, un réduit, un étouffoir, où il fallut hisser et établir un lit, et quel lit !

En voyage, il faut avoir l'esprit bien fait, prendre le temps comme il vient, et, comme le Grec Sinon, du siège de Troie, être prêt à toute aventure, à la bonne comme à la mauvaise fortune,

.. .... *in utrumque paratus.*

Nous acceptâmes donc gaillardement, j'allais presque

dire gaîment, la situation dans tout ce qu'elle avait d'étroit, d'exigu, de suffocant, et si ce n'eût été par respect pour mes cheveux blancs, j'aurais fredonné le joyeux refrain de Béranger :

Dans un grenier, qu'on est bien à vingt ans !

Heureusement la nuit ne fut pas longue ; avant sept heures du matin, j'étais en voiture, roulant, par de belles et larges rues, vers le grand hôpital, appelé *hôpital de la Commune*. C'est un vaste édifice, à façade monumentale, construit il y a vingt ans seulement. J'y fus reçu de la manière la plus courtoise, par le professeur Kudsgaard, et par son chef de clinique le docteur Ponloppdsan. Ces honorables et savants confrères parlaient assez bien français ; ils me montrèrent, avec une bonne grâce parfaite, les malades les plus intéressants de leur service. M. Ehlers, interne, eut l'obligeance de me faire visiter tout l'hôpital qui contient huit cents lits. Les grandes salles de nos hôpitaux de France y sont inconnues ; les malades y couchent dans des chambres de six à huit lits seulement. Chacune de ces chambres s'ouvre sur de longues galeries bien aérées, qui peuvent servir de promenoirs. Il y a de vastes cours et de grands jardins ; la propreté la plus exquise règne partout ; toutes les dispositions nous ont paru conformes aux règles de l'hygiène la mieux entendue.

Copenhague possède plusieurs autres hôpitaux, entre autres, l'hôpital catholique de Saint-Joseph, desservi par des religieuses, appelées *Dames de la Croix*

Rouge; le temps ne nous a pas permis d'y aller, comme nous en avions le désir.

Notre journée, du reste, avait une autre destination : nous l'avions commencée par la médecine et la chirurgie, avec les princes de la science de Copenhague; nous allions la continuer par le drame, avec Shakespeare et Ambroise Thomas.

A neuf heures et demie, ma chère compagne et moi, nous étions à bord du paquebot, *le Gilf*, en partance pour Elseneur. De Copenhague à Elseneur, il y a trois heures de mer; trois heures, pendant lesquelles les yeux sont charmés par les plus ravissantes perspectives : d'un côté c'est la côte du Danemark, qui se dessine en riantes et pittoresques collines, émaillées de jardins, de villas et de châteaux. De l'autre, au sortir du port de Copenhague, c'est le détroit du Sund, dont les eaux bleues et transparentes sont sillonnées par le va-et-vient d'une multitude de navires, vapeurs et voiliers, arrivant et partant, courant d'une rive à l'autre, se croisant en tous sens, comme les voitures, dans les rues d'une grande ville.

Le château d'Elseneur (en danois *Kronborg*) s'annonce de loin par sa masse imposante et par sa flèche élancée. Du promontoire escarpé sur lequel il s'élève, à l'entrée du Sund, on jouit d'un merveilleux panorama. La vue embrasse dans un seul tableau tout le détroit du Sund, les côtes du Danemark et de la Suède, jusqu'au cap Kullen, et se perd à l'horizon, sur la mer Baltique. Construit, de 1574 à 1584, par le roi Frédéric II, il représente un vaste parallélogramme ; le large développement de ses quatre façades est ornementé de toutes les capricieuses et originales conceptions de la sculpture du seizième siècle. Une flèche centrale, découpée à jour, le domine de très haut ; des tourelles, percées également à jour, et dans lesquelles s'enroulent des escaliers en spirale, couronnent trois de ses angles. Au quatrième angle, on trouve la plate-forme historique, que Shakespeare a rendue célèbre par les apparitions de l'ombre vengeresse du père d'Hamlet.

C'était un admirable théâtre pour le drame sanglant et terrible d'*Hamlet*, que cet immense château, d'austère et sombre apparence, relégué à l'extrémité du Sund, sur un promontoire sauvage, solitaire, et battu par les vents et par les vagues de la mer. Qu'on se figure la scène émouvante et grandiose d'une nuit de tempête, à Elseneur, quand l'obscurité profonde donne à toutes choses un air sinistre et lugubre, quand les flots de la mer se brisent, avec fracas, sur les rochers, et que l'ouragan déchaîné mugit avec des bruits et des sifflements infernaux, à travers les créneaux, les ogives et les tourelles du château !...

C'est alors, et dans cette nuit d'épouvante, qu'apparaît, devant Hamlet, le spectre du roi son père, mort empoisonné par la reine sa femme, et par son frère Clodius. « — *Mon fils !* dit le spectre, *venge-moi !... Mais n'oublie pas que la reine est ta mère : épargne-la !* »

Quelle scène poignante !... Et cette autre, plus saisissante encore peut-être, lorsque, poursuivi par l'irrésistible désir de son implacable vengeance, Hamlet, dans ce même château d'Elseneur, au milieu d'une fête royale, démasque les meurtriers de son père, les flétrit, les écrase sous le poids de sa haine, de sa fureur et de leur infamie, et poignarde son oncle Clodius, que le crime avait fait roi de Danemark, et mari de sa mère!.....

Ce n'était pas assez; il fallait encore une victime : Hamlet aimait une jeune et charmante princesse, du nom d'Ophélie; il allait l'épouser... Mais Polonius, père d'Ophélie, a été e complice de la reine et de Clodius; Hamlet l'apprend : c'en est fait, il renonce à toutes ses joies, à toutes ses espérances, il sacrifie son bonheur à sa piété filiale, son amour à sa vengeance, et la douce et innocente Ophélie, rejetée par celui qu'elle aime, folle de douleur, et ne pouvant survivre à son désespoir, meurt dans les eaux qui entourent le château!.....

A ces palpitants et dramatiques souvenirs de Shakespeare, se mêlent, dans nos esprits, comme de suaves et harmonieuses modulations, comme des chants aériens, des harpes éoliennes, qui nous redisent les délicieuses mélodies d'Ambroise Thomas; tout nous les rappelle, et les ponts-levis, et les cours, et les portiques d'Elseneur. C'est ici même, au moment où Ophélie sort par cette petite porte, que nous reconnaissons pour en avoir vu, à l'Opéra de Paris, la fidèle reproduction, c'est ici qu'Hamlet, quand il était encore dans l'ivresse de l'amour et du bonheur, en apercevant celle qu'il aime, lui révèle toutes les tendresses de son âme, par ces accents si touchants, et d'une si ravissante poésie :

> Doute de la lumière,
> Doute du soleil et du jour,
> Mais ne doute jamais de mon amour.

Nous aurions voulu nous abandonner longtemps à tous ces souvenirs, dans ce vieux et magnifique château, en vue de cet horizon immense et splendide, mais il fallait partir; le paquebot nous appelait, pour nous ramener à Copenhague. Nous y étions de retour à six heures. Remettant à plus tard un séjour plus long dans cette capitale, nous la quittons à sept heures, et nous voguons vers la Suède, où nous débarquons, après une traversée de deux heures, à Malmœ.

COUP D'ŒIL GÉNÉRAL SUR LA SUÈDE ET LA NORWÈGE

COUP D'ŒIL GÉNÉRAL SUR LA SUÈDE ET LA NORWÈGE

Avant de pénétrer dans le cœur de la Suède et de la Norwège, commençons par embrasser, d'un coup d'œil d'ensemble, ces deux grands pays, afin de nous en faire une idée générale, et d'en apprécier, à première vue, le caractère extérieur et la physionomie.

Disons-le tout de suite, la Suède et la Norwège ont moins de couleur locale, moins de cachet original et saisissant que la Russie. Nous n'y trouverons pas, comme en Russie, des palais somptueux, d'admirables musées, ni surtout de merveilleuses églises, aux coupoles dorées, dont les murs, revêtus de jaspe, de malachite et de porphyre, de fresques et de mosaïques, étincellent partout, de l'éclat de l'or, de l'argent et des pierres précieuses. Non, en Suède et en Norwège, il ne faut chercher ni les œuvres d'art, ni les magnificences architecturales; les palais sont modestes, et le protestantisme, la plus froide de toutes les religions, a dépouillé, et glacé les églises.

Aux treizième, quatorzième et quinzième siècles, le catholicisme les avait élevées et parées de tout ce que le génie de l'homme sait produire pour célébrer dignement la gloire de Dieu et les cérémonies du culte divin; mais, au commencement du seizième siècle, en 1528, Gustave Wasa adopte publiquement la réforme de Luther, que prêchaient, en Suède, Olaüs et Laurent Petri, avant de devenir, l'un pasteur de Stockholm, l'autre archevêque luthérien d'Upsal. Gustave Wasa introduit la religion nouvelle, et la rend obligatoire dans ses États ; il lui ouvre toutes les églises, dont il change ainsi la primitive destination. Le catholicisme les avait édifiées, le protestantisme l'en chasse, pour se mettre à sa place :

...... sic vos non vobis.

Aussi toutes les églises affligent les regards par la même nudité, et par ce même cachet de tristesse, que donne l'absence de tout ornement ; en les voyant ainsi dépouillées, sans croix, sans autel, sans images sacrées, il semble entendre, sous leurs voûtes vides et désolées, la voix plaintive de Jérémie, pleurant sur toutes ces ruines et sur toutes ces profanations : « *Dispersi sunt lapides sanctuarii..... egressus est à filià Sion omnis decor ejus..... manum suam misit hostis ad omnia desiderabilia ejus* (Les pierres du sanctuaire ont été dispersées..... la fille de Sion a perdu toute sa beauté..... l'ennemi s'est emparé de tout ce qu'elle avait de plus précieux). »

Les musées sont moins des réunions d'œuvres d'art que des collections ethnographiques, et d'histoire naturelle.

C'est qu'en effet, en Suède et en Norwège, tout se

résume dans la nature; c'est la nature qui fait tout l'attrait et toute la beauté de ces pays; elle y revêt une infinie variété de formes et d'aspects, qui étonnent, charment, et captivent les yeux. En Suède, elle est le plus souvent tranquille, douce et riante; c'est la campagne, avec tout ce que l'on peut rêver de plus frais et de plus gracieux. Ce sont des lacs, dont les eaux pures et transparentes reflètent les bois et les prairies qui les encadrent. Ces lacs, on les rencontre partout; c'est à peine si on peut les compter, tant ils sont nombreux; ils s'étendent au fond de fertiles vallées, aux pieds de verdoyantes collines, au milieu de forêts de sapins, qui semblent s'entr'ouvrir comme pour les cacher sous leurs mystérieux ombrages. Les routes s'attachent à leurs rives, suivent leurs contours, se mirent dans leurs ondes limpides, et les troupeaux viennent s'y désaltérer, s'y rafraîchir, et y chercher un abri contre la chaleur du jour :

Nunc etiam pecudes umbras et frigora captant.

La Suède, c'est le repos, c'est la vie des champs ; ce sont des horizons paisibles, de frais bocages, des parterres fleuris, à l'ombre des bouleaux et des sapins.

La Norwège forme, avec la Suède, le plus saisissant contraste, elle a deux zones : la zone du littoral, ou océanique, anfractueuse et comme dentelée, qui borde la mer, et dans laquelle la mer pénètre par une multitude de bras, de canaux, de golfes, de prolongements, auxquels on a donné le nom de *fjords;* et la zone de l'intérieur, ou des Alpes Scandinaves. Ces deux zones ne sont pas entièrement séparées; elles se mêlent, se confondent, s'enchevêtrent l'une dans l'autre. Les Alpes s'avancent au loin dans la mer; elles s'y dressent, de tous côtés, sur une longueur de cinq à six cents lieues, comme de gigantesques et formidables écueils, comme des îles, le plus souvent désertes, sauvages, inaccessibles, quelquefois fertiles et habitées. Ce sont, tantôt, comme dans les parages des îles Loffoden, d'immenses rochers noirs, battus par les vagues, s'élevant à de vertigineuses hauteurs, affectant les formes les plus bizarres, couronnés de neiges éternelles, et d'un accès périlleux ou impossible; nature écrasante par ses grandeurs, sublime par ses aspects étranges et fantastiques; mais pleine de tristesse et d'épouvante, lugubre et désolée, où pas un brin d'herbe ne saurait pousser, où l'on se sent glacé, comme dans une atmosphère qui n'est pas respirable, et qui n'est pas faite pour la vie. Tantôt, au contraire, comme dans les fjords de Throndjem et de Christiania, ce sont des montagnes boisées, des prairies, des golfes gracieusement arrondis, des villages étagés sur des pentes doucement ménagées, de joyeux rivages, sites enchanteurs, perspectives ravissantes, qui rappellent l'Italie, et font songer aux golfes de Gênes et de Naples.

La mer s'ouvre un passage entre tous ces rochers, toutes ces îles et toutes ces montagnes; elle s'insinue partout, divisée en canaux, en rivières, en lacs, que sillonnent les paquebots, et les barques des pêcheurs. C'est la Suisse, la Suisse dans la mer, la Suisse avec tous ses aspects, et tous ses contrastes, riants, sévères, grandioses et terribles ; la Suisse, dont toutes les gorges, dont toutes les vallées, larges, étroites et profondes, sont inondées, et en plein Océan.

Mais la mer ne se contente pas de ronger, de morceler le littoral de la Norwège; en maints endroits, elle pousse ses envahissements, ses canaux, ses fjords jusque bien avant dans le pays, jusque dans les parties plus centrales. La Norwège est donc essentiellement pittoresque, saisissante et mouvementée, puisqu'on y trouve réunies les deux plus grandes choses de la création, la mer et les montagnes. C'est le sol le plus tourmenté, c'est la nature la plus extraordinaire que l'imagination puisse se figurer. D'un côté, les montagnes encombrent la mer; elles émergent de ses profondeurs, en nombre incalculable, comme une forêt cyclopéenne, et les flots se brisent, au large, contre leurs masses colossales; de l'autre, la mer s'enfonce, par ses fjords, jusque dans les régions intérieures, où elle rencontre les lacs, les rivières et les cascades, qui sont un si grand charme pour les yeux.

Toutes ces merveilles de la nature ne pouvaient pas laisser les Norwégiens froids, insensibles et indifférents. Ils sont possédés d'un immense amour pour leur pays, ils en comprennent les beautés, ils en parlent avec enthousiasme; ils s'en inspirent dans leurs poésies; le chant national de Norwège, par lequel les enfants saluèrent notre entrée dans l'école de Tromsö, est tout palpitant d'élan et d'ardeur patriotiques. Les Suédois et les Norwégiens aiment leurs lacs et leurs montagnes, comme on aime de vieux amis, auxquels on se sent attaché par des liens inséparables. Non seulement ils les aiment, mais ils les personnifient et leur font une histoire ; ce sont des légendes simples et naïves, vaporeuses comme les brumes du Nord, empreintes, comme elles, d'une douce et poétique mélancolie.

« Les lacs sont la demeure de bons et de mauvais *Génies;* les mauvais Génies s'appellent *Gnômes :* les bons Génies sont les *Elfes* et les *Ondines*. Les Elfes et les Ondines sont de belles et gracieuses femmes, à la longue et blonde chevelure, qui habitent la profondeur des eaux. Le soir, quand de légères vapeurs s'élèvent dans l'air, au-dessus des lacs, ce sont les Elfes et les Ondines qui sortent de l'onde, et glissent à sa surface ; quand la brise souffle et frémit, à travers les herbes et les roseaux du rivage, ce sont leurs douces et timides voix qui murmurent ensemble l'hymne de la nuit; et le matin, quand la vague s'agite et clapote, ce sont elles qui rentrent au sein des eaux, pour s'y cacher, et y dormir à l'approche du jour. »

Un des tableaux du musée de peinture de Stockholm rend admirablement cette scène du soir et de la nuit il représente, à la pâle et demi-teinte du crépuscule, un lac de Norwège, entouré de montagnes, dont la pénombre laisse encore distinguer les formes sévères et grandioses. Au-dessus du lac, planent, comme un léger nuage, de blanches et diaphanes vapeurs, et quand on regarde de plus près, on découvre au milieu de ce nuage, comme à travers les mailles d'une gaze transparente, un gracieux essaim d'Elfes et d'Ondines, qui se tiennent embrassées, se balancent et s'abandonnent aux souffles de l'air.

Cette légende des lacs, d'un charme si poétique, est d'origine ancienne : au seizième siècle, le fils de Gustave Wasa, devenu fou, et enfermé dans le château de Wadstena, sur le lac Wetter, passait une partie de ses nuits sur la plate-forme, au bord du lac, à contempler les Ondines, à converser avec elles, et à conjurer les Gnômes, qui voltigeaient méchamment autour d'elles, pour les effrayer et les mettre en fuite.

Les montagnes, comme les lacs, ont aussi leurs légendes..... « Voyez-vous, nous dit-on un jour, ce rocher colossal qni s'élève là-bas, au milieu de la mer, et tout près duquel notre paquebot va passer? Voyez-vous ces trois pointes qui le terminent à son sommet ? La plus grande ressemble à un homme debout et armé ; la seconde à un homme à cheval ; la troisième, la moins élevée, à une femme. C'est le géant, le chevalier et la jeune fille : un géant, la terreur du pays, habitait cette montagne ; il y retenait captive une belle jeune fille qu'il avait enlevée..... Un chevalier, au galop de son cheval, escalade la montagne, attaque le géant, le tue, et délivre la jeune fille ! » « Et sur cette autre montagne, dont les deux sommets en pyramides de hauteur égale donnent l'idée de deux femmes, n'apercevez-vous pas comme une troisième femme, qui serait étendue? Ce sont deux sœurs jumelles qui veillent sur le sommeil de leur mère endormie ! »

Cette disposition aux fictions imaginaires n'est pas la seule qualité des Suédois et des Norwégiens. Tenus jusqu'à présent à l'écart, et en dehors des courants les plus suivis par les voyageurs; n'ayant eu que peu de contact avec les autres peuples, ils ont, par cela même, conservé les mœurs simples et patriarcales des anciens temps.

Le dimanche est scrupuleusement observé; tout travail cesse : paysans, ouvriers et patrons, maîtres et domestiques, tous prennent un repos nécessaire au corps et à l'esprit; tous, en habits de fêtes, se réunissent à l'église, autour de leurs pasteurs. Ils sont d'une politesse remarquable; la moindre gratification excite leur reconnaissance, qu'ils expriment par des salutations profondes et réitérées. Le vol est parmi eux chose inconnue; les boutiques n'ont pas de clôture; les maisons restent ouvertes pendant la nuit.

Ils sont d'une propreté irréprochable; on ne pourrait pas en dire autant des Russes; malheureusement, ils n'ont pas, comme les Russes, conservé leurs costumes nationaux et pittoresques d'autrefois. Les habits français, à l'exception de la blouse, que nous n'avons vue nulle part, se trouvent partout; le paletot et la redingote courent les rues; les ouvriers travaillent en veston; les domestiques des bons hôtels sont, comme chez nous, en habit noir. Les femmes du peuple ont la tête couverte d'un fichu noir, ou de couleur, dont la pointe tombe entre les épaules; les femmes du monde connaissent les dernières modes de Paris.

Le culte des fleurs est universellement répandu. Une femme, quels que soient son âge et sa position sociale, jeune, vieille, ouvrière ou grande dame, ne sort presque jamais sans avoir, à la main, un bouquet de fleurs, entouré d'un papier-dentelle. A pied, en voiture, en chemin de fer, en course, en promenade, en voyage, elle a presque toujours un bouquet. Quelquefois, c'est un pot de fleurs qu'elle porte à son bras, comme Fleur-de-Marie, dans les *Mystères de Paris* d'Eugène Sue, portait son petit rosier.

En Norwège, sur le bord du lac Myosen, nous vîmes arriver, à l'une des stations du chemin de fer, tout un cortège nuptial. La mariée était enguirlandée de fleurs de myrte (le myrte est, en Norwège, ce qu'est en France la fleur d'oranger, l'emblème et l'apanage de la virginité). Derrière les deux époux, marchaient deux jeunes filles, ayant appendue à leur cou une vaste corbeille pleine de fleurs; venaient ensuite, deux à deux, tous les gens de la noce, parents et amis, tenant chacun un bouquet. Au moment où les nouveaux mariés se dirigeaient vers leur wagon, tous les bouquets jetés en l'air retombèrent à leurs pieds, et leur firent un chemin de fleurs.

La propreté, la bonne tenue si remarquables chez les individus, se constatent aussi dans les habitations. Les gares de chemins de fer, toujours entourées de jardins, de pelouses, de massifs de fleurs et d'arbustes, soigneusement entretenus, sont souvent de petits bijoux de grâce et d'élégance. Construites en planches de sapins, et en forme de chalets, elles ont leur porche cintré, leur galerie d'entrée soutenus par des colonnettes, leurs balcons, leurs auvents découpés à jour, comme une dentelle. Peintes et agrémentées de diverses couleurs, de rouge, de blanc, de vert, de rose, elles sont d'un aspect gai, avenant et coquet ; on voudrait pouvoir s'y arrêter, ne fût-ce que pour y promener longtemps ses regards sur les magnifiques forêts de sapins et de bouleaux, qui forment leur immense et majestueux horizon.

Toutes les maisons des campagnes et des villes, à l'exception de Stockholm, de Christiania, de Gothembourg, sont de même en planches de sapins, et de la plus exquise propreté ; toutes les fenêtres, invariablement, sont garnies à l'intérieur de plantes et de fleurs, derrière lesquelles on aperçoit, à travers les vitres, de grands rideaux de mousseline brodée, dont la blancheur se détache sur la verdure, et sur le coloris de ces plantes et de ces fleurs. On passe ainsi dans les rues, entre une double rangée de fleurs et d'arbustes, et, vus du dehors, les appartements semblent en être tout remplis.

Une ridicule pruderie, ou, si l'on veut, l'usage, la mode, ne condamnent pas, comme en France, les jeunes filles de famille à une surveillance de tous les instants; de même qu'en Angleterre, en Amérique, en Hollande, elles sortent *seules*, et même vont *seules* en chemin de fer. Entre Christiania et Trollœtta, notre bonne chance a fait monter à côté de nous, dans notre wagon, deux jeunes et charmantes Norwégiennes, deux sœurs, d'une éducation parfaite, de la mise et des manières les plus distinguées. Elles parlaient français; la conversation ne tarda pas à s'engager, et, pendant plusieurs heures, nous eûmes les plus aimables et les plus utiles compagnes de route, dans un pays où personne ne savait nous comprendre.

Tels sont, à grands traits, et rapidement esquissés, les principaux caractères de la Suède et de la Norwège. Devons-nous, pour terminer ce chapitre, donner un souvenir aux buffets et aux salles à manger? Et pourquoi pas? Une nourriture hygiénique n'est-elle pas une condition de santé? une bonne table n'est-elle pas un des plaisirs du voyage? un déjeuner solide n'est-il pas le prélude nécessaire d'une journée de fatigues? et un dîner confortable n'en est-il pas le meilleur couronnement? Un mot donc sur la manière dont la Suède et la Norwège comprennent le grand art, dont Brillat-Savarin, cet esprit si délicat et si fin, a posé les principes, avec une science si consommée.

Aucun pays n'est plus abondamment arrosé; la mer, les fjords, les rivières, les lacs, plus nombreux que partout ailleurs, fournissent une quantité prodigieuse de poissons, et des plus exquis; les saumons y pullulent; ils acquièrent des dimensions énormes; à Throndjem, nous en avons vu un tellement gros, qu'un homme avait peine à le traîner dans une petite voiture. Si tous les poissons de mer et d'eau douce foisonnent, il en est de même du gibier : dans la haute Norwège, un lièvre se paye six sous, et un perdreau quatre sous. La Suède et la Norwège possèdent donc les plus précieux éléments culinaires; malheureusement, ne sachant pas en tirer parti, elles les emploient d'une façon déplorable. Les poissons, au lieu d'être servis frais, et au naturel, ne se mangent que salés, fumés, à l'état de conserves, ou bien hachés, réduits en une sorte de purée, qu'on incorpore à des pâtes, à du lait, à du sucre. Les lièvres, les perdreaux, les gélinottes ne paraissent sur les tables que déchiquetés, lavés, bouillis à grande eau, et dépouillés ainsi de toute leur saveur. Les viandes de boucherie, toujours coriaces, flottent sur une sauce noire, au milieu d'oignons, qui en accentuent encore le goût âcre et détestable, souvent aussi on les associe à des confitures, malencontreuse et fadasse union, mélange nauséeux et douceâtre, contraire à nos habitudes, et complètement en désaccord avec nos instincts gastronomiques. Nos potages de France si appétissants et si veloutés sont remplacés par des soupes au vin et à la bière, si fortement piquantes, aigres et pimentées, qu'elles dessèchent et brûlent la bouche et le gosier. En guise de pain, on vous donne, tantôt une pâte sans levain, mal cuite, molle, encore humide et découpée en lamelles excessivement minces ; tantôt de larges galettes de biscuit, si plates, si dures et si sèches qu'elles pourraient, au besoin, tenir lieu d'assiettes. La bière est la boisson habituelle ; on lui joint volontiers, au dessert, une grande chope de lait froid.

A l'exception des environs de Christiania et de Gothembourg, la Suède et la Norwège sont complètement dépourvues d'arbres fruitiers; pommiers, poiriers, pruniers, figuiers, cerisiers, abricotiers et pêchers sont également inconnus ; par conséquent tous ces fruits délicieux, et d'une saveur si fraîche et si parfumée, dont la France surabonde, ne paraissent jamais sur les tables ; pendant tout un mois, nous en avons été privés ; des gâteaux, des sucreries et des fruits, secs ou confits, les remplacent désavantageusement. En revanche, les prairies et les forêts sont émaillées et tapissées de fraises ; et partout, dans les jardins, comme sur le bord des chemins, mûrissent des framboises cultivées, ou sauvages (*rubus Ideus, rubus fruticosus*), que des enfants vous offrent, à toutes les stations des chemins de fer.

Notre appréciation peu flatteuse pour les Vatels, et les usages culinaires de la Suède et de la Norwège, ne saurait s'appliquer aux grandes villes, toutes réserves faites cependant pour les fruits et pour le pain ; à Stockholm, à Throndjem, à Christiania, à Gothembourg, il y a des hôtels, dont les tables n'ont rien à envier aux meilleures tables de Paris ; l'élégance du service et la qualité des mets ne laissent rien à désirer. Mais sortons des salles à manger, parcourons le pays, et glanons d'autres impressions.

...... *pauló majora canamus.*

MALMŒ — JÖNKÖPING

LE LAC WETTER — MOTALA — LE CANAL DE GOTHIE

STOCKHOLM — UPSAL

MALMŒ — JÖNKÖPING — LE LAC WETTER
MOTALA
LE CANAL DE GOTHIE — STOCKHOLM — UPSAL

Nous voici donc en Suède! c'était un beau rêve; nous n'avions pas songé à visiter, cette année, ce lointain pays; c'était vers l'Espagne que nous poussait notre humeur voyageuse; mais le choléra sévissant de ce côté, nous avons mis le cap sur le nord.

La partie de la mer du Nord appelée le Cattégat, et le détroit du Sund séparent le Danemark de la Suède; de Copenhague à Malmöe, la traversée est de deux heures environ, pendant lesquelles ma chère compagne fit preuve des plus solides qualités maritimes. L'hiver, quand le thermomètre descend, certaines années, à 25 et même 30 degrés de froid, le Sund se couvre d'une couche de glace assez épaisse pour être transformé en une route carrossable, sur laquelle circulent, comme sur la terre ferme, les piétons, les chevaux, les traîneaux, les voitures.

Malmöe est une ville de 30 à 35,000 âmes, propre, comme tout ce qui est suédois; l'hôtel *Kramers* est excellent et d'une tenue qui ne laisse rien à désirer. Dès le matin, en voiture découverte, nous parcourons des rues bien alignées, et bordées de larges trottoirs. Le temps est splendide: par de belles allées d'arbres, tracées au milieu de plantureux jardins, nous gagnons le *château*, construit en 1537, seul reste des anciennes fortifications, et célèbre par l'emprisonnement du comte Bothwell, troisième époux de Marie Stuart; c'est aujourd'hui une caserne, et une prison cellulaire.

Sur la simple présentation de ma carte, la porte s'ouvrit devant nous, et un gardien nous conduisit, à travers de vastes cours, dans les ateliers, où les ouvriers sont employés à divers travaux, et dans les galeries qui donnent accès aux six cents cellules. La moitié au moins des cellules était sans habitants; partout la plus minutieuse propreté, la ventilation la plus parfaite, l'hygiène la mieux comprise. Chaque cellule contient un lit, une chaise, une table, et sur cette table, se trouvent une bible, et quelques livres de piété. Le gouvernement suédois pense, avec raison, que l'instruction religieuse est la meilleure manière de policer, de réformer les mœurs d'un peuple, et d'élever son niveau moral; pourquoi faut-il que notre gouvernement actuel s'inspire si peu des mêmes pensées?

A une heure après-midi, nous partons, en chemin de fer, pour Jönköping. Nous traversons le pays le plus délicieux qu'on puisse imaginer; la vue se repose de tous côtés sur les sites les plus riants et les plus variés: c'est une succession continuelle de collines, de vallons, de prairies, de forêts et de lacs. En moins de cinq heures, nous comptons dix-sept lacs ; l'aspect de ces campagnes est vraiment enchanteur.

A dix heures du soir, nous arrivons à Jönköping. Rien n'est plus charmant que cette petite ville de quinze mille âmes, située sur le lac Wetter. Les eaux du lac, d'un bleu d'azur, lui font, avec des bois et des montagnes, un ravissant entourage, et comme une double ceinture, sur laquelle les yeux se reposent avec délices. Des pelouses, du vert le plus tendre, des massifs d'arbustes, de frais ombrages, à travers lesquels allaient et venaient de jeunes Suédoises, à la mise simple et coquette, au tablier blanc, brodé, et rehaussé, sur la poitrine, d'un bouquet de fleurs, complétaient le paysage ; c'était un tableau digne du pinceau de Watteau, ou de la plume de Bernardin de Saint-Pierre.

Dans la ville, la vue n'est pas moins charmée : les rues, droites et régulières, sont bordées de petites maisons en sapin, de formes élégantes, de couleurs variées, rouges le plus souvent. A travers leurs fenêtres, on aperçoit, à l'intérieur, tantôt des pyramides de fuchsias, de rosiers, de géraniums, encadrées entre les plis de grands rideaux blancs, et tantôt de gracieux produits de l'industrie suédoise, des faïences, des cristaux, des argenteries, des filigranes, des bijoux. La pensée des amis absents éveille d'ardentes convoitises et d'amers regrets : hélas ! pourquoi faut-il qu'on ne puisse pas leur rapporter tant de séduisants souvenirs !...

A midi, nous quittons cette ville, ce nid, ce bouquet

de fleurs, et notre petit hôtel de *Jönköping*, où nous avions été si bien reçus, si bien traités, où les plats nous arrivaient sur la table, entourés et couverts de fleurs et de feuillages. Nous partons sur le paquebot du lac Wetter.

Ce lac, l'un des plus grands de la Suède, a plus de quarante lieues de longueur, et, dans certains endroits, plus de quatre cents pieds de profondeur. Ses rives sont accidentées de collines et de montagnes, de villes, de villages et de châteaux ; souvent l'œil ne les aperçoit qu'à peine, et comme perdues dans le lointain ; quelquefois même, comme sur une véritable mer, on ne voit que le ciel et l'eau. Le Wetter est renommé, et redoutable pour ses tourbillons et ses tempêtes.

Le temps, jusque-là, avait toujours été splendide, et le plus beau soleil n'avait jamais cessé de réjouir et d'illuminer nos horizons : mais voilà que, tout à coup, d'épais nuages obcurcissent le ciel :

Eripiunt subitò nubes cœlumque diemque.

En même temps le vent s'élève, et bouleverse les eaux ; de calmes qu'elles étaient, elles deviennent agitées et furieuses ; c'est un spectacle magnifique et grandiose : c'est un troublè universel ; tous les élements sont déchaînés ; partout, aussi loin que la vue peut s'étendre, les vagues s'amoncellent, s'entrechoquent, rejaillissent, se brisent les unes contre les autres. Le paquebot n'est plus que leur jouet ; elles l'ébranlent, le heurtent, le secouent, le soulèvent, comme pour l'engloutir ; il s'abandonne aux mouvements les plus désordonnés ; il oscille, se balance, s'incline sur ses deux flancs ; à chaque instant, on dirait qu'il va plonger, s'enfoncer et se perdre dans la profondeur du lac, mais il se relève aussitôt, revient à la surface et semble bondir sur les flots. Le roulis et le tangage, si forts qu'ils soient, sont impuissants sur le cœur amariné de ma vaillante compagne, elle reste impassible.

La tourmente, heureusement, s'apaise ; le soleil reparaît à travers les nuages, les dissipe, et nous réchauffe ; le lac redevient tranquille, et les passagers reprennent leur entrain et leur gaieté.

Nous avions fait, à bord, la connaissance d'un aimable petit jeune homme, étudiant à Jönköping ; il était pour nous, car il parlait assez bien français, le cicérone le plus intelligent et le plus empressé à nous être agréable ; sa conversation était vive et animée, ses manières affectueuses et distinguées ; nous eûmes le regret de lui voir quitter le paquebot, à l'une des stations du rivage, où ses parents l'attendaient. Le soir venu, un copieux dîner nous fut servi ; d'énormes et délicieuses écrevisses nous en ont laissé le meilleur souvenir.

Vers dix heures, le paquebot passa devant le château royal de Wadstena, construit au commencement du seizième siècle, par Gustave Wasa. Ses tours, ses terrasses, sa vaste et imposante façade se profilaient majestueusement dans l'ombre, sur le bord du lac. Leur sombre aspect, l'obscurité, et ses mystérieuses profondeurs, le lac et ses clapotements, tout nous rappelait la gracieuse et poétique légende des Elfes et des Ondines. Si nous avions mieux regardé, peut-être aurions-nous aperçu vaguement, dans le lointain vaporeux et indécis de la nuit, leurs ombres légères et fugitives, enveloppées de leurs longues chevelures, effleurant le lac, voltigeant à sa surface et sur ses rives !..... Si nous avions mieux écouté, peut-être aurions-nous distingué leurs voix plaintives, ou joyeuses, au milieu des souffles de l'air, des bruits de l'espace, et du murmure des eaux !.....

Une heure plus tard nous quittions le paquebot, à la station de Motala.

Un an auparavant, à la même époque, et presque à la même heure, à l'autre extrémité de l'Europe, au fond de la Tartarie, nous quittions un autre paquebot, celui du Volga, et nous descendions à Samara, sur la route des monts Ourals ; la nuit était profonde ; il y avait là un affreux tohu-bohu, un incroyable pêle-mêle de Moujicks, de Drogskis, de Tartares, de chevaux et de colis; c'était une bagarre infernale, une bousculade comme nous n en avions jamais ni vues, ni entendues; on criait, on vociférait dans un langage confus et barbare, auquel nous ne pouvions absolument rien comprendre. Quels n'eussent pas été notre anxiété et notre embarras, et que serions-nous devenus, sans les bons amis qui nous accompagnaient, et qui étaient, pour nous, les guides les plus sûrs et les plus charmants ?

A Motala, ce fut un tout autre genre de perplexité ; nous avions aussi la nuit profonde, mais la nuit avec le silence, la nuit sur un rivage solitaire, inconnu, où nous étions seuls, abandonnés, sans guide, sans direction, sans la moindre trace lumineuse pour éclairer nos pas, dans des sentiers que l'obscurité nous rendait invisibles, et vers un but que nous n'apercevions pas davantage. La Providence, heureusement, veillait sur nous ; elle nous secourut dans notre détresse, et nous envoya l'ange du jeune Tobie, sous la forme d'un dentiste de Stockolm, descendu de notre paquebot, parlant un peu français, et se rendant, comme nous, à Motala. Ce fut notre planche de salut; à ses côtés, et à sa suite, nous gravîmes, à pas incertains, des chemins escarpés et difficiles ; après une marche longue, titubante et mal assurée, nous arrivâmes enfin à Motala, et à l'hôtel *Nilson*. Maîtres et domestiques dormaient de leur premier sommeil; c'est dire assez qu'il fallut frapper fort et longtemps, pour les éveiller.

La petite et paisible ville de Motala, peu habituée à recevoir des voyageurs, à une heure aussi tardive, avait depuis longtemps éteint ses lumières, mais elles furent bien vite rallumées, et nous nous vîmes entourés de toutes les prévenances de l'hospitalité la plus empressée. Deux petits lits, d'une virginale blancheur, nous furent préparés, dans une ravissante chambrette, toute parée, toute brillante des ornements les plus simples, mais les plus soignés, et du meilleur goût.

Quelle différence entre ces populations du nord, si douces, si polies, si avenantes, et certains pays méridionaux, où il faut toujours être en garde contre quelque mauvaise aventure! En Sicile, la nuit, seuls, dans ces chemins creux, on nous eût coupé la gorge; et si, par impossible, nous n'eussions été ni assassinés, ni dévalisés, ni enlevés par des brigands, nous eussions été reçus, en arrivant à notre destination, comme nous l'avons été à Catanizetta, dans un écœurant et ignoble bouge, infecté de tous les genres d'immondices.

C'est à Motala que nous vîmes, pour la première fois, le fameux canal de Gothie, l'un des ouvrages les plus étonnants et les plus merveilleux de l'Europe. Il traverse la Suède, établit un trait d'union entre ses deux villes les plus importantes, Stockolm et Gothembourg, et joint la mer du Nord à la mer Baltique. Les travaux gigantesques qu'il a coûtés ont duré 37 ans, et n'ont été terminés qu'en 1832. Dans son trajet, il rencontre des rivières, des golfes, et les plus grands lacs de la Suède, entre lesquels il devient une voie de communication. D'immenses obstacles naturels, des rochers, des montagnes lui barrent le passage ; il les franchit, au moyen de soixante-quatorze écluses, qui, dans quelques endroits, élèvent son niveau, et font monter les bateaux à vapeur et les plus gros navires à plus de 300 pieds au-dessus du niveau de la mer; c'est à cette hauteur que son lit doit s'élever, pour aller d'une mer à l'autre.

Le canal de Gothie se recommande donc doublement, et par des travaux d'art et de hardiesse qu'on ne saurait trop admirer, et par les magnifiques scènes de la nature qui se déroulent sur ses bords. S'y embarquer, le suivre dans toute son étendue, c'est, assurément, la façon la plus pittoresque de voyager en Suède; mais c'est de beaucoup la plus longue. Dans nos voyages, il nous a toujours fallu ménager le temps, le temps toujours trop court, pour tout ce que nous avions à voir, pour les espaces que nous avions à parcourir. Notre programme a toujours été celui-ci : *voir le plus de choses possible, dans le moins de temps possible.* Fidèles à ce programme, au lieu de gagner Stockolm, par le canal de Gothie, nous avons pris, sans doute à contre-cœur, mais par raison, le chemin de fer.

Pendant douze heures, nous traversons, à toute vapeur, les riantes campagnes de Suède, où nos yeux sont continuellement charmés par les plus agréables perspectives : c'était une succession de lacs, petits et grands, entourés, soit de verdoyantes montagnes, soit de prairies, où paissaient des troupeaux : c'étaient des bois, des forêts de bouleaux et de sapins, d'élégantes petites gares et des villages, dont les maisons, jaunes, rouges ou blanches, se détachaient, par la variété de leurs couleurs, d'un gracieux et coquet encadrement de verdure et de fleurs.

A 10 heures du soir, nous descendions au grand hôtel de Stockholm. Cette capitale de 160000 âmes est bâtie sur sept îles, à l'embouchure du lac Mœlar, dans la mer Baltique. Les eaux du lac et de la mer, au point où elles se rencontrent, sont divisées en baies, en bras et en canaux, et c'est ainsi que, mêlées et confondues, elles pénètrent, en se ramifiant, dans l'intérieur de la ville, et la partagent en plusieurs quartiers.

On passe, de l'un à l'autre, sur des ponts, ou sur de petits bateaux à vapeur, qui partent toutes les cinq minutes, vont et viennent, se croisent dans tous les sens, traversent les canaux d'une rive à l'autre, ou les parcourent dans toute leur étendue. Au centre de la ville se dresse un belvédère, un ascenseur vous hisse à son sommet, et, de ce point culminant, se déroule un magnifique panorama : la ville tout entière, ses églises, ses monuments, ses places, ses jardins, avec son enceinte de rochers, les uns nus, les autres couverts de bois et de maisons.

Arrivés à Stockholm le 24 août, à 10 heures du soir, nous en sommes partis le 26 à 3 heures après-midi... Ici, certains amis que je pourrais nommer vont hausser les épaules et bondir d'indignation et de pitié, et il me semble les entendre nous dire : « Mais votre voyage n'a pas le sens commun! ce n'est pas un voyage, c'est une course au clocher ; c'est à en perdre haleine, et rien qu'à vous lire, on se sent essoufflé et tout haletant ; quoi ! faire 600 ou 700 lieues, pour aller jusqu'à Stockholm, et n'y rester que deux journées, et encore pas entières, mais c'est insensé !... »

Nos bons amis, je vous en prie, ne soyez pas si prompts à nous condamner ; je vous l'ai déjà dit : *Voir le plus de choses possible, dans le moins de temps possible!* telle est notre devise ; nous ne voulions pas que notre absence fût de plus de trente à trente-cinq jours, et il y en avait déjà huit d'écoulés ! nous avions à faire un immense trajet ; à Stockholm, nous n'étions pas encore à moitié chemin de la Laponie, limite extrême, et but de notre voyage; de Stockholm à Tromsö, nous avions encore au moins huit jours de route; c'était effrayant : jamais nous n'avions mieux compris le *Fugit irreparabile tempus*, le vol rapide et fugitif du temps; nous devions donc en être économes. Du reste, quand on sait voyager, en deux journées, on voit bien des choses; nous avions un guide excellent, et parlant français, par conséquent, pas de fausses démarches, pas d'allées et venues inutiles; nous étions toujours, soit en voiture découverte, soit dans ces petits bateaux à vapeur qui sillonnent les eaux de la ville; par conséquent, les distances étaient vite franchies; aussi deux journées nous ont suffi pour visiter, d'une manière assez complète, la capitale suédoise.

Les églises de Stockholm ne sont pas comme celles d'Italie et de Belgique, où l'on admire tant de merveilles de l'art, tant de chefs-d'œuvre de la statuaire et de la peinture; elles ne ressemblent pas non plus aux églises de Russie, étincelantes d'or, d'argent, de pierres précieuses : au seizième siècle, la Réforme de Luther, dont elles sont devenues les temples, leur a enlevé presque tous leurs ornements, et les a laissées, pour la plupart, dans le plus triste dénuement et la plus misérable nudité. Elles sont donc bientôt vues, d'autant plus que pas une seule d'entre elles n'est remarquable par ses vastes dimensions, ou par la richesse de ses conceptions architecturales.

Il y en a une cependant, qui nous a offert un grand intérêt, et qui mérite une mention toute spéciale : c'est le *Saint-Denis* de la Suède, le Panthéon suédois, la sépulture de presque tous les rois de Suède.

Nous y avons vu le monument, en marbre vert, de Gustave-Adolphe, allié de la France, sous Louis XIII, pendant la guerre de Trente ans, et mort en 1632, vainqueur des Impériaux, à la bataille de Lützen, dans la Saxe prussienne; des pyramides de tambours, de timbales, de trompettes, d'armures, de drapeaux et de trophées de toutes sortes, s'élèvent, tout à l'entour, jusqu'à la voûte, et forment une magnifique et pompeuse auréole à ce glorieux tombeau, au-dessus duquel sont gravés ces deux mots, qui résument la vie de ce grand roi : « *Moriens triumphavit* », sa mort fut encore un triomphe.

Nous y avons vu le tombeau de Charles XII, ce roi chevaleresque et courageux jusqu'à la témérité, l'ennemi de Pierre le Grand; à dix-huit ans, il commandait, en personne et victorieusement, ses armées de terre et de mer, et, après mille péripéties, il tombait, sur le champ de bataille, tué d'un coup d'arquebuse, au siège de Friederichshall, en Norwège, en combattant, pour l'indépendance de la Suède, contre les armées coalisées de la Russie, du Danemarck, de la Pologne et de la Prusse.

Ce qui nous a le plus frappé dans cette église, c'est le sarcophage de Bernadotte, maréchal de France, prince de Pontecorvo, et roi de Suède, sous le nom de Charles-Jean XIV, de 1818 à 1844. Ce sarcophage colossal, en porphyre rose de Dalécarlie, est seul, isolé dans une des chapelles, sans aucun entourage, sans aucun ornement, sans aucun emblème religieux, politique ou militaire. Rien n'est plus triste, plus froid, plus glacial que le tombeau de cet homme, qui, pour se donner un trône, fut trois fois renégat : renégat de la France, de son Empereur et de sa Religion. Sa mémoire cependant n'en est pas moins honorée par les Suédois ; sa statue équestre, en bronze, orne une des places principales de Stockholm ; l'appartement qu'il habitait, dans le palais royal, est conservé avec le soin le plus scrupuleux ; le lit dans lequel il est mort, ses rideaux, ses tentures, une peinture qui le représente à ses derniers moments, son bureau de travail, ses tableaux, ses meubles, son encrier, sa tabatière, son bougeoir, sa montre, tout ce qui était à son usage est encore à sa place, comme s'il était encore là, lui-même. Son nom est populaire dans toute la Suède, et jusque dans le nord de la Norwège, où l'on vous montre un rocher, dont le sommet, bizarrement conformé, représente assez bien la protubérance nasale de la figure humaine ; c'est, vous dit-on, le *nez de Bernadotte*.

De même, à Genève, on vous fait remarquer que le Mont-Blanc, vu d'un certain côté du lac, reproduit les traits de Napoléon Ier, avec son petit chapeau ; étrange et réelle ressemblance, que nous avons constatée, de la plus grande et de la plus haute montagne de l'Europe, avec celui qui fut le plus grand homme des temps modernes, et sans doute aussi la plus haute personnification de toute l'humanité.

Extérieurement, le palais du roi n'est qu'une énorme et lourde construction carrée sans architecture ; il est situé au centre de la ville, sur une éminence, à l'endroit même, où le lac Mœlar et la mer confondent leurs eaux. L'une de ses faces s'ouvre sur un jardin où, le soir, se donnent des concerts ; l'autre sur une place décorée d'un obélisque de granit, de 100 pieds de haut, érigé par Gustave III, roi de Suède, de 1771 à 1792. Devant la façade principale s'étend la vaste place de *Gustave-Adolphe*, entourée de plusieurs palais, dont l'un est la résidence du prince héréditaire. Le centre de cette place est orné de la statue équestre, en bronze, de Gustave II ou Gustave-Adolphe, roi de Suède de 1611 à 1632. Cette belle statue, à la fière et belliqueuse allure, à la physionomie noble et martiale, regarde la grande entrée du palais, auquel on accède par une double rampe appelée la *Montée des lions*, que gravissent les voitures, et par laquelle elles arrivent à la hauteur du premier étage.

La vue de ce palais royal éveillait en nous de tristes et patriotiques souvenirs; elle nous rappelait un autre palais royal et impérial, bien autrement beau, bien autrement grandiose, le *palais des Tuileries!* Qu'elles étaient belles et imposantes les Tuileries ! Quel large et splendide développement elles avaient, de la Seine à la rue de Rivoli, et comme le pavillon central de Philibert Delorme, surmonté de sa coupole, au-dessus de laquelle flottait le drapeau, se dressait, magnifique d'élégance, de richesse sculpturale et d'élévation, en face de l'une des plus merveilleuses perspectives du monde ! La peinture et la photographie montreront à nos descendants ce que fut ce palais, ce chef-d'œuvre de l'architecture française; l'histoire leur dira, en même temps, que ce sont des Français qui l'ont brûlé et ruiné, jusqu'à en effacer la trace; mais ce qu'ils ne voudront pas croire, tant cette folie, tant cette aberration et cette honte leur sembleront indignes de la France, c'est que Paris ait pu descendre à ce point d'ignominie, de glorifier le crime, en plaçant à sa tête et en se donnant pour représentants, les Vandales et les barbares qui ont allumé et promené les torches incendiaires, au milieu de nos gloires nationales!

Ce qui nous rendait les Tuileries si chères, ce n'était pas seulement leur aspect monumental que les étrangers ne se lassaient pas d'admirer, et dont la majesté, du côté des jardins surtout, était saisissante et incomparable, c'était encore tous les souvenirs qu'elles nous rappelaient, toutes les pages de notre histoire qui s'y rattachaient, tous les événements dont elles avaient été le théâtre et les témoins.

A certains jours de l'année, dans les circonstances solennelles, au 1er janvier, aux fêtes du souverain, comme on aimait à y voir arriver les pittoresques et brillants uniformes de tous les pays, les somptueux attelages, les équipages armoriés et de gala, des ministres, des princes, des ambassadeurs! tout ce qu'il y avait dans le monde de beau, de riche, de noble était là; c'était le rendez-vous de toutes les gloires, de toutes les illustrations; on sentait alors que la France était grande, puissante et honorée!...

Sous le règne des Bourbons, le premier jour de l'an, à la faveur de billets, on était admis, le soir, aux Tuileries, pendant les réceptions officielles, et pendant le dîner du Roi. Or, dans l'hiver de 1829, j'étais pour la première fois à Paris, et grâce à un de ces billets si enviés, j'y fus conduit. Je me vois encore montant le grand escalier, entre une double rangée de *gardes du corps;* je me rappelle mon ébahissement, à mon entrée dans la *salle des Maréchaux*, étincelante d'or et de lumières, où se tenaient les grands officiers, les grands dignitaires de la couronne, et parmi eux, en manteau d'hermine, le cardinal prince de Croï, archevêque de Rouen, grand aumônier de France. Je traversai la *salle du trône*, toute tendue de velours cramoisi broché d or, plusieurs salons, plus splendides les uns que les autres, et enfin la *salle à manger*. Charles X y était à table, seul, faisant face au public, qui défilait silencieusement devant lui. A l'une des extrémités de la salle, les Dames de la cour, en toilette de soirée, étaient assises sur des banquettes en gradins; à l'autre, c'étaient des musiciens. J'étais ébloui, émerveillé, hors de moi, je croyais rêver, tout petit que j'étais, n'ayant que neuf ans, et fraîchement arrivé de Viélaines, mon village !... Cette première grande impression de mon enfance m'est restée ineffaçable, avec tous ses détails, toute sa vivacité, et comme d'hier.

C'était le temps où la France, parlant haut et ferme à l'Angleterre, et faisant bon marché de la mauvaise humeur de sa jalouse voisine, allait s'emparer de l'Algérie, pour en faire la plus belle de ses colonies!...

Quarante ans plus tard, dans un jour néfaste, le dimanche 4 septembre 1870, vers 3 heures après-midi, nous eûmes, ma chère compagne et moi, la poignante douleur de voir s'abaisser et disparaître le drapeau des Tuileries; c'était le signal de la proclamation de la République!... Hélas! n'était-ce pas d'un fâcheux augure, et, à l'avènement d'un régime nouveau, l'abaissement du drapeau n'était-il pas comme le triste présage de l'abaissement de la France?

Mais laissons ces pensées et ces souvenirs, revenons à Stockolm, et entrons dans le palais royal. Nous l'avons parcouru, visité, exploré dans toutes ses parties; nous avons vu d'abord les galeries des fêtes, les grands salons de réception et d'apparat, et ensuite les petits appartements de la Reine et des princes, du Roi actuel, Oscar II, petit-fils de Bernadotte; nous avons pénétré, pour ainsi dire, dans la vie intime de la famille royale, en examinant tout ce qui lui appartient, tout ce qui est à son usage, les photographies, les portraits, les objets d'art, et ces mille petits riens, qui, dans les riches demeures, ornent et surchargent les tables, les étagères et les meubles de toutes sortes. Nous avons vu la chambre à coucher de Bernadotte, le lit où il est mort, avec ses mêmes rideaux et ses mêmes tentures de soie verte, usés et déchirés par le temps. La Suède, comme la Russie, comme le Danemarck, comme l'Italie, a ce que malheureusement nous n'avons pas en France, le respect des souvenirs et de l'histoire.

Stockolm possède un musée intéressant; on y voit des armures, des sculptures, des peintures anciennes et modernes, de toutes les écoles. Les paysages y sont surtout remarquables. Pouvait-il en être autrement, dans ce pays de Suède et de Norwège, où la nature est si variée dans ses aspects, si riante et si gracieuse, si grandiose et si terrible? Les artistes devaient nécessairement s'évertuer à reproduire tout ce qui captivait leurs regards, les prairies, les lacs, les cascades, les rochers, les fjords, les montagnes, les effets de neiges et de glaces, et toutes ces scènes de l'été et de l'hiver, si différentes et si pittoresques, sous ces latitudes du nord : l'été, des jours sans fin, des nuits toujours lumineuses, que le soleil éclaire encore à minuit ; l'hiver, des nuits également sans fin, un ciel toujours sombre, des jours crépusculaires et ténébreux, et qui ne voient plus le soleil ; l'été, 40 degrés de chaleur ; l'hiver, 40 degrés de froid !

Stockolm possède encore deux musées ethnographiques d'un haut intérêt ; on peut y étudier les mœurs, les habitudes, la vie intime et publique, les habitations, les costumes des Suédois, des Norwégiens et des Lapons, leur mode de locomotion, leur manière de voyager, l'hiver, sur la neige et sur la glace, leurs immenses patins de bois, relevés en avant et en arrière, en forme de bateaux, leurs traîneaux, leurs attelages de chiens et de rennes.

Au sortir des musées, nous gagnons la grande promenade de la ville, le *Djurgarden ;* nous parcourons, en voiture, ses allées sinueuses bordées d'arbres gigantesques ; elles serpentent, s'enroulent autour d'un monticule, d'où s'échappent les plus belles perspectives, sur la ville, sur les collines qui l'entourent, sur le lac Mœlar, et sur les golfes de la Baltique.

Dans un des carrefours, on trouve le buste colossal de Bellmann, le grand poète satirique, le grand chansonnier, le Béranger de la Suède; dans un autre, des kiosques élégants, des restaurants et des cafés, en face desquels s'élève une estrade, en forme de pavillon, où des *Tziganes* font entendre leur musique orientale, bizarre et entraînante.

Ces accents quelque peu sauvages, stridents et fantastiques, et cependant d'une ravissante harmonie, me rappelèrent deux épisodes de ma vie: le premier, c'était en 1867, j'étais en Hongrie, sur la route de Constantinople. Partis de Vienne à 6 heures du matin, nous avions, par une magnifique journée de septembre, descendu le Danube, et le soir, à 8 heures, nous étions à Pesth. Le lendemain nous avions traversé le fleuve, sur le plus audacieux pont de fer qu'on puisse imaginer, pour visiter, sur l'autre rive, la ville de Bude, renommée par son château des rois de Hongrie, et par l'abondance et la richesse de ses eaux minérales, sulfureuses et alcalines. Au sortir d'une vaste piscine, où mon savant ami, le docteur Ameuille et moi, nous avions pris un délicieux bain, nous nous étions assis, avec nos chères compagnes de voyage, pour déjeuner, sous des platanes en parasol, dans une de ces cours carrées, habituelles aux pays méridionaux, lorsque tout à coup, un concert de *Tziganes* fascine nos oreilles de ses mélodies inattendues, plus enivrantes encore sous le beau ciel de l'Orient.

Treize ans plus tard, à la fin de 1880, à Paris, chez Brébant, au milieu d'un de ces dîners qui font époque dans la vie, et qui se rattachent, pour moi, à un événement, qui devait être la consolation de mes vieux jours, et pour lequel je ne saurai jamais bénir assez la Providence, une main invisible ouvre la porte d'un salon voisin, et des *Tziganes*, qu'une attention délicate y avait postés, nous envoient à l'improviste les flots palpitants et joyeux de leurs irrésistibles accords.

Quand nous eûmes savouré une excellente bière suédoise, et visité dans toutes ses parties le *Djurgarden*, nous descendîmes, par de petits sentiers en zig-zag, sur le bord d'un des canaux du lac Mœlar, et un bateau à vapeur nous ramena à notre hôtel, *au Grand Hôtel*, nom bien mérité, puisqu'il a 400 chambres.

Un bon hôtel est le complément nécessaire d'un voyage, et pourquoi ne le dirais-je pas aussi, un des agréments les plus appréciables, et l'un des meilleurs souvenirs ? Le Grand Hôtel de Stockolm ne laisse rien à désirer, et se place, de droit, parmi les premiers hôtels de l'Europe. Les appartements sont vastes et de haut goût ; la salle à manger est remarquable par la richesse de ses décorations, autant que par l'ampleur de ses dimensions. Les mets, préparés avec un art véritable, et de la plus appétissante délicatesse, sont servis de la façon la plus distinguée ; le propriétaire, un français, un vrai gentilhomme, est là, l'œil à tout, avec un geste, un mot, un sourire, un salut gracieux et empressé pour chacun. La situation de l'hôtel est magnifique, au centre de la ville, et sur le bord d'un des plus larges canaux. Les fenêtres de notre chambre s'ouvraient sur ce canal, sur un jardin public, et sur le palais du Roi, au-delà duquel nous apercevions la flèche en fonte de fer, percée à jour, et haute de plus de 300 pieds, de l'église des tombeaux.

Stockolm a de belles et superbes rues, des places, des jardins, ornés des statues des Rois, et des grands hommes de la Suède; citons les statues de Gustave-Adolphe, de Gustave Wasa, de Charles XII, de Charles-Jean XIV (Bernadotte), de Berzélius. Cet illustre chimiste suédois fut le continuateur de Lavoisier; travailleur infatigable, il dota la science de nombreuses découvertes, il fut le promoteur du dualisme dans la composition des corps, et de la théorie électro-chimique, combattue par Dumas; il mourut à Stockolm en 1848.

La visite des hôpitaux était dans mon programme. Dès sept heures du matin, je me fis conduire à l'hôpital, où l'on soigne les maladies cutanées et syphilitiques. Le docteur Westermak, médecin en chef de cet hôpital, y habite; à cette heure matinale il était encore au lit. Sur le vu de ma carte, et avec un empressement dont je fus vivement touché, ce savant confrère voulut bien se hâter d'accourir à ma rencontre, et de m'introduire dans ses salles. Comme à Berlin, à Saint-Pétersbourg, à Moscou, et à Copenhague, je fus frappé de la politesse, de la bonne tenue des malades, de leur attitude respectueuse auprès des médecins; les préparations hydrargyriques sont administrées en injections sous-cutanées par la méthode hypodermique; comme dans ces villes, la constitution est généralement chétive et délicate; le lymphatisme domine, ainsi que la couleur blonde; les chairs sont molles et décolorées;

c'est le signe de la chloro-anémie, avec toutes ses conséquences fâcheuses, tous ses inconvénients, tous ses dangers, et toutes les indications thérapeutiques qui en découlent: l'huile de foie de morue, le fer, le quinquina, les amers, le phosphate de chaux, l'arsenic, les poudres de sang et de viande sont la base nécessaire, ou du moins, les adjuvants de tous les traitements.

Je me suis rendu ensuite à l'hôpital des *Séraphins*, fondé en 1752 pour huit ou dix malades seulement; il en contient maintenant quatre cents. J'y fus accueilli de la manière la plus courtoise par le professeur Wising, médecin en chef, qui eut l'obligeance de se mettre à ma disposition, et de me donner tous les renseignements dont j'avais besoin. Cet hôpital, d'apparence assez misérable, et sans aucun caractère monumental, est bien inférieur, sous le rapport de la construction et de l'aménagement, au grand hôpital de Copenhague, et à nos hôpitaux de Paris. Il a conservé son air de simplicité primitive, et nous y trouvons le complet spécimen des mœurs et des habitudes au siècle dernier; les planchers, les escaliers, y sont grossièrement agencés, et les salles manquent absolument de confort et d'élégance. Je constatai, chez les malades, de nombreuses affections pulmonaires et rhumatismales, dues, sans aucun doute, à l'humidité, aux vents et aux vicissitudes de température de la ville, entourée de montagnes, et traversée, dans toutes ses parties, par une multitude de baies, de canaux d'eau douce, et d'eau salée, provenant du lac Mœlar, et de la mer Baltique. Le salicylate de soude y est employé avec le même succès que chez nous.

Le mardi 26 août, à 3 heures après-midi, nous prîmes le chemin de fer (train express), pour Upsal, où nous arrivâmes à 5 heures.

Upsal est une ville de 12 à 15,000 âmes, située à une quinzaine de lieues, au nord de Stockolm ; elle est célèbre par sa cathédrale, par son université et par sa bibliothèque.

La cathédrale, du treizième au quinzième siècle, est la plus belle et la plus grande église de toute la Scandinavie ; elle a été commencée en 1289 par un Français, du nom d'*Etienne de Bonneuil*, tailleur de pierres, qui s'était engagé à prendre pour modèle Notre-Dame de Paris ; sa construction a duré cent quarante-six ans. A l'extérieur, elle est en briques ; son portail principal est surmonté de deux tours, dont le couronnement moderne, d'un style lourd, et sans caractère, a remplacé les deux flèches primitives, détruites par un incendie. Son développement intérieur, vaste et important, est à trois larges nefs, dont les voûtes élancées sont d'une élégante hardiesse. Elle était autrefois le siège d'un archevêque catholique ; elle est maintenant la métropole d'un archevêque luthérien, qui a le titre de primat de Scandinavie.

Cette belle église n'a pas la nudité habituelle des églises protestantes ; on lui a conservé la plupart de ses anciens ornements ; l'autel, les tableaux, les sculptures, la chaire à prêcher, sont du temps où elle était catholique. Les vases sacrés, les chappes, les chasubles, les vêtements sacerdotaux, les croix, les mitres archiépiscopales, qui servaient aux cérémonies du culte catholique, sont réunis et gardés, comme de simples curiosités, dans une vitrine de la sacristie.

La cathédrale d'Upsal renferme plusieurs tombeaux remarquables. Au milieu de la chapelle de l'abside, on voit celui de Gustave Wasa, qui régna sur la Suède de 1523 à 1550 ; il en fut le grand réformateur, et réorganisa, sur des bases nouvelles, l'agriculture, la marine et l'armée ; mais il eut la triste gloire d'y introduire le luthérianisme, et de remplacer, en 1528, l'archevêque catholique d'Upsal par Laurent Petri, qui en fut le premier archevêque luthérien. Ce monarque, marié trois fois, est représenté, en grandeur naturelle, sur un riche catafalque de marbre vert, étendu entre ses deux premières femmes ; les murs de la chapelle, peints à fresque, retracent les principaux épisodes de sa vie, et les fenêtres sont décorées de verrières historiées, aux riches couleurs.

Dans une autre chapelle, nous nous sommes longtemps arrêtés en présence de deux admirables chefs-d'œuvre ; ce sont les monuments en marbre blanc, du Roi et de la Reine Sigismond Jagellon. A demi couchées sur leurs deux tombeaux, leurs merveilleuses statues, drapées avec un art et une délicatesse incomparables, vivantes, plutôt que mortes, rayonnent à la fois de la majesté royale, de la sérénité de l'âme, et de la béatitude céleste.

Il nous serait trop long de parler de tous les autres tombeaux, mais nous ne pouvons passer sous silenc celui du grand botaniste Suédois, de Charles Linnée qui habitait Upsal, et qui y mourut en 1778 : on voit encore sa maison, et le jardin où il cultivait ses plantes. Il est enseveli dans une des chapelles de la cathédrale, et au-dessus de son tombeau, nous avons lu cette inscription : « *Principi Botanicorum* », au prince des Botanistes !

Tout en rendant au savant botaniste Suédois la justice et l'hommage qu'il mérite pour ses magnifiques travaux, n'oublions pas que sa méthode de classification des plantes a été remplacée par la méthode de notre *Bernard de Jussieu*, son contemporain, de la grande et illustre famille des de Jussieu, et l'une des gloires du muséum de Paris.

La grande rue de la ville aboutit à une colline, du haut de laquelle la vue embrasse un superbe horizon, et se perd sur d'immenses forêts de sapins, qui, de tous côtés, s'étendent à l'infini ; les chasseurs y rencontrent des élans ; la tête de deux de ces énormes animaux ornait le vestibule de notre hôtel (*Spads Hôtel*). On voit, sur cette colline, une statue de Gustave Wasa, et l'habitation du gouverneur de la ville.

Mais ce qui nous a frappés bien davantage, c'est un modeste beffroi, dissimulé sous l'ombre de grands arbres, et contenant une cloche, à laquelle se rattache une touchante histoire. En 1654, Christine, reine de Suède, fille de Gustave-Adolphe, abdiqua la couronne, quitta la Suède, et se rendit à Rome. Elle y abjura le protestantisme, et y fut baptisée sous le nom d'*Alexandretta*, par le pape Alexandre VII, qui fut son parrain. Elle s'établit définitivement à Rome, et y mourut vingt ans plus tard, en 1689. On l'ensevelit dans la basilique vaticane de Saint-Pierre, et nous y avons vu son tombeau de marbre, surmonté de son portrait, accolé à l'un des piliers de la nef latérale gauche.

Or, en quittant la Suède, Christine avait donné une somme d'argent, afin qu'une cloche, portant son nom, fût placée sur la colline d'Upsal, et que, *deux fois par jour*, le matin et le soir, cette cloche sonnât son glas funèbre. C'était d'abord le glas de sa patrie, morte pour elle, qu'elle ne devait plus revoir, mais qu'elle ne devait pas cesser de pleurer ; c'était le glas de son trône, de ses pompes royales, de tous ceux qu'elle avait aimés, morts aussi pour elle, et à qui elle avait dit un éternel adieu ; et, plus tard, ce devait être son glas à elle-même, le glas de sa mort, en terre étrangère, que la Suède devait entendre, comme une prière d'outre-tombe, et comme un lointain et suprême souvenir.

Depuis 1654, c'est-à-dire depuis deux cent trente ans, la ville d'Upsal, fidèle dépositaire des pieuses volontés de celle qui avait été sa souveraine, n'a jamais manqué, *deux fois par jour*, de sonner la *cloche de Christine*, et nous l'avons entendue deux fois, *à huit heures du soir*, le jour de notre arrrivée, et, *à six heures du matin*, le jour de notre départ !...

A mi-côte de la colline, et dans l'axe de la grande rue, s'élève la fameuse bibliothèque de l'Académie, la plus importante de toute la Suède ; elle contient 250,000 volumes et 8,000 manuscrits. Son trésor le plus précieux est le célèbre *Codex argenteus*, *traduc-*

tion des Évangiles en langue Gothique, faite au quatrième siècle par le savant Ulphilas, Évêque des Goths. Ce livre, unique dans le monde, et d'une valeur inestimable, est renfermé dans une vitrine spéciale. Le conservateur de la bibliothèque a bien voulu l'en extraire en notre honneur, l'ouvrir, et le feuilleter devant nous ; il est d'un très grand format, *écrit en lettres majuscules d'or et d'argent*, sur un magnifique vélin, et il a pour couverture deux lames épaisses et ciselées d'argent massif. Ce vénérable et incomparable chef-d'œuvre d'art, de science, de patience et de piété, datant du quatrième siècle, a été écrit par conséquent, *mille ans* avant que Jean Gutemberg de Mayence ne découvrît l'imprimerie, à Strasbourg, en 1436.

Upsal possède la première université de Suède ; cette université a des musées de zoologie, de botanique, des beaux-arts, un cabinet de 16,000 médailles, un jardin botanique, orné du buste en marbre de Linnée, un laboratoire de chimie et de physique, un hôpital, et vingt-neuf chaires, autour desquelles se groupent quinze cents étudiants. Les bâtiments qui lui appartiennent, situés derrière la bibliothèque, sont épars, au milieu d'une admirable promenade, et de longues et magnifiques allées d'arbres, qui mènent au cimetière.

Ce cimetière, que nous avons parcouru, est un délicieux jardin, où les tristesses de la mort sont habilement dissimulées sous les plus séduisants aspects. Chaque tombe est une corbeille de fleurs, autour de laquelle sont disposés des sièges, où l'on vient s'asseoir, se reposer, causer, lire, travailler, et, sans doute aussi, pleurer ceux qui dorment de leur dernier sommeil, sous cette riante et gracieuse couverture de fleurs et de verdure.

Notre bonne chance nous fit rencontrer un étudiant de l'Université, reconnaissable à sa casquette de drap blanc. Cet aimable jeune homme, de manières distinguées, et parlant assez bien français, se mit gracieusement à notre disposition ; et nous eûmes, de lui, les explications les plus précises et les plus techniques, sur tout ce qui éveillait notre attention, sur tout ce qui excitait notre intérêt ; aussi, à combien de questions n'a-t-il pas eu à répondre ? à quelles épreuves n'avons-nous pas mis son obligeance ?

Le 27, vers midi, nous quittâmes Upsal, cette ville de tant de souvenirs historiques, archéologiques et religieux, et de tant d'actualités littéraires, scientifiques et pittoresques. Nous montâmes en chemin de fer (train express), pour Throndjem en Norwège (trente-deux heures de route !), nous vîmes défiler sous nos yeux des lacs, dont les eaux tranquilles reflétaient de vertes prairies ; des forêts de bouleaux et de sapins, aux épais ombrages ; des villages et des stations de la plus riante apparence. Pourquoi faut-il que nous n'ayions pas pu nous arrêter à la station de Bolnas, ravissant petit hôtel, en planches de sapin, en forme de chalet, et tout enguirlandé de festons et de découpures, semblables à la dentelle? Quel charme c'eût été de rester accoudés sur ces balcons si jolis et si coquets, que soutiennent de légères et sveltes colon nettes, de nous reposer, loin de tout bruit, dans cette oasis entourée de fleurs, d'y contempler, à notre aise, ce beau ciel d'azur, ces immenses et majestueuses forêts, et de nous retremper, au sortir de la vie fiévreuse et agitée de Paris, dans le silence de cette nature solitaire, dans le calme de ces paisibles horizons! Mais le temps et la raison ne le voulaient pas ; il fallait obéir au sifflet de la locomotive, et nous laisser emporter par la vapeur !

Le lendemain, à midi, après vingt-quatre heures d'une course rapide, nous étions en vue des Alpes Scandinaves, et nous franchissions la frontière de la Suisse, c'est-à-dire de la Norwège. Nous retrouvions tous nos souvenirs de Suisse : montagnes colossales de toutes les formes, et couronnées de neiges éternelles, rochers inaccessibles, aux flancs desquels étaient suspendus des bois de sapins ; cascades, dont les eaux écumeuses se détachaient, par leur blancheur, des teintes sombres du paysage, et ressemblaient à des coulées d'argent, ou de cristal ; torrents mugissants au fond des précipices, ou s'écoulant plus doucement au milieu de verdoyantes vallées ; voilà quels étaient les sites qui se succédaient sur notre passage, et qui, tour à tour, charmaient, ou terrifiaient nos yeux.

Pendant plus de six heures, nous courûmes ainsi de surprises en surprises, tantôt nous enroulant autour de pentes escarpées, et planant au-dessus de gorges et de précipices dont la profondeur nous donnait le frisson, tantôt descendant dans de frais vallons pour remonter ensuite sur des hauteurs, d'où nos yeux embrassaient les plus larges perspectives ; c'est ainsi que, vers six heures du soir, nous arrivâmes à Throndjem, sur la mer du Nord.

LES FJORDS — THRONDJEM — LE R. P. BERTHIER

LE JUPITER — LES ILES LOFFODEN

TROMSÖ — LES RR. PP. CRUL ET ERICK WANG

LES LAPONS — LE SWER-SIGURD

LES FJORDS — THRONDJEM
LE R. P. BERTHIER
LE JUPITER — LES ILES LOFFODEN — TROMSÖ
LES RR. PP. CRUL ET ERICK WANG
LES LAPONS — LE SWER-SIGURD

Nous voici au point le plus pittoresque de notre voyage : Throndjem est situé entre deux régions de la Norwège, bien différentes l'une de l'autre ; au sud, c'est la partie la plus habitée, la plus large, la plus considérable de cet immense pays, bien plus vaste que la France, compris entre la mer du Nord et les Alpes Scandinaves, qui le séparent de la Suède. C'est de ce côté que sont les grandes voies de communication, les routes, les chemins de fer, les villes importantes, les rivières, les lacs, les vallées profondes, les vertes prairies, les torrents, les cascades et tout ce qui, dans ces latitudes lointaines, fait rêver à la Suisse et à tous ses enchantements.

Au nord, tout change de face, la Norwège n'est plus qu'un inextricable amoncellement de rochers cyclopéens, qu'une sorte de chaos, d'aspect sévère, sinistre même, et le plus souvent inhabitable, se rétrécissant de plus en plus, à mesure qu'on monte vers le nord, et se terminant en pointe à la mer Glaciale, au cap Nord, aux Laponies Norwégienne et Russe.

Au midi de Throndjem, la mer respecte la Norwège, elle n'attaque, elle n'entame que ses côtes; si parfois ses fjords pénètrent à l'intérieur et au loin, du moins ils en laissent intacte la plus grande étendue.

Au nord, au contraire, la mer a tout envahi; elle s'est ouvert un passage à travers les montagnes; elle s'est creusé des baies, des détroits, des golfes, des canaux à travers les rochers; elle s'est avancée, en se partageant à l'infini, jusqu'à la frontière de la Suède. On la rencontre partout; c'est un dédale, un labyrinthe inimaginable de fjords, les uns larges comme des lacs, les autres étroits comme des rivières, qui se croisent, s'enchevêtrent, se replient en tous sens, se glissent, s'insinuent dans toutes les directions. Ainsi divisée, la mer s'est emparée de cette nature sauvage, inaccessible, abrupte et grandiose; elle en a pris possession, elle l'a rongée, morcelée, et comme mise en lambeaux. Tantôt ce sont, comme aux îles Loffoden, de gigantesques chaînes de rochers, battus de tous côtés par les flots; tantôt c'est une montagne seule, que les vagues ont isolée des montagnes voisines, violemment détachées elles-mêmes d'autres montagnes, qui dressent tout à l'entour leurs cimes pointues et dentelées. Quelquefois c'est un îlot, couvert de sapins rabougris, de prairies et de maisons qui s'avancent jusque dans la mer, perchées sur des pilotis. D'autres fois ce sont des glaciers, dont la blancheur ressort et scintille sur la teinte sombre de tout ce qui les entoure. Ici c'est la pleine mer; on ne voit que le ciel et l'eau;

là c'est un vaste et magnifique horizon de montagnes éparses, de caps, de promontoires disséminés au milieu des flots. Plus loin ce sont des gorges profondes, sinueuses, sans issue apparente, tant leurs immenses parois rocheuses sont rapprochées, resserrées, contournées sur elles-mêmes, comme si elles voulaient se réunir, pour fermer tout passage.

N'est-ce pas là encore la Suisse, mais la Suisse dans la mer, la Suisse avec toutes ses grandeurs et tous ses contrastes, mais avec ses vallées devenues autant de bras de mer ?

Dans de pareilles régions, aucune voie de terre n'est ouverte à la circulation ; il n'y a ni routes, ni chemins, ni sentiers ; la navigation seule est possible ; les voyages, le va-et-vient, les courses, les visites de voisinage ne se font que sur l'eau ; le Norwégien des fjords, marin de naissance et de profession, loup de mer par vocation, par tempérament et par nécessité, a son canot, son bateau, comme le Vénitien a sa gondole, comme l'Arabe a son âne et son chameau, comme le montagnard des Alpes a son mulet, comme ailleurs on a son cheval et sa voiture. Aussi les fjords sont sillonnés de paquebots, de bateaux pêcheurs, de navires voiliers, marchands et de transports. Parfois aussi on y rencontre quelque paquebot à vapeur, descendant de l'Océan Glacial, du cap Nord, d'Hammerfest, la ville la plus septentrionale du monde entier, de Tromsö, des îles Loffoden, et gagnant les parties méridionales de la Norwège, ou bien, au contraire, de ces régions méridionales, plus accessibles, plus riches et plus peuplées, montant vers le nord, vers les régions hyperboréennes, comme auraient dit les anciens.

Tel était l'étrange pays dans lequel nous allions nous engager; mais auparavant, et en attendant le départ du paquebot, arrêtons-nous à Throndjem.

De Stockolm à Throndjem, il y a trente-quatre heures de chemin de fer; il faut traverser, de part en part, la Suède et la Norwège, et passer d'une mer à l'autre, de la mer Baltique à la mer du Nord, en se dirigeant toujours au nord et à l'ouest. Nous avons dit que pendant les six dernières heures du voyage, à partir de la frontière norwégienne, jusqu'à Throndjem, nous avions parcouru une région alpestre, d'un caractère grandiose et sauvage; or à cette énorme distance, à ce point déjà si lointain, nous nous attendions à trouver une ville, sinon sauvage, comme les sites que nous avions traversés, du moins d'un aspect pauvre et misérable. Quel ne fut donc pas notre étonnement, à la descente du chemin de fer, de voir plusieurs voitures de place, et deux élégants omnibus, avec cochers et valets de pied galonnés? A l'hôtel d'Angleterre, nouvel étonnement : des domestiques en habit noir, du meilleur ton, et du service le mieux entendu, des appartements parfaitement tenus, des sonnettes électriques, un téléphone, un salon de lecture, en un mot, tout ce que l'on trouve dans les meilleurs hôtels de Paris.

Il était plus de six heures du soir, nous partîmes seuls et à pied, ma chère compagne et moi, d'abord pour la poste; aucune lettre ne nous y attendait; ce fut une cruelle déception. De là nous nous dirigeâmes vers le presbytère des missionnaires catholiques ; la distance était grande, trois quarts d'heure de marche, voies inconnues, langue inintelligible, par conséquent rien pour nous diriger, ni renseignements, ni indications possibles à demander et à recevoir. Le but était donc difficile à atteindre : nous l'atteignîmes cependant, mais après combien de temps, de tâtonnements, de marches, de contre-marches, de tentatives, d'efforts de toutes sortes pour nous faire comprendre ! Nous parcourûmes de longues et larges rues, bien alignées, plantées d'arbres, bordées de trottoirs, et de maisons en planches de sapins, basses, et d'un étage seulement. Puis il nous fallut, à l'extrémité d'un faubourg, suivre, en dehors de la ville, et au milieu de jardins, un chemin, au bout duquel nous aperçûmes, enfin, l'église catholique, surmontée de trois petites coupoles, et attenante au presbytère.

Le jour baissait, nous sonnons ; une vieille servante nous introduit dans un parloir, et à peine y étions-nous entrés, que le chant du *Salve Regina* charme nos oreilles ; c'était la prière du soir. Bientôt apparaît un prêtre de cinquante à soixante ans, à longue barbe grisonnante, à figure ouverte, affable et souriante. C'était le père Berthier, français d'origine, de la famille du maréchal Berthier, prince de Wagram, natif du Dauphiné et du diocèse de Grenoble. Nous eûmes, de lui, l'accueil le plus aimable ; il connaissait beaucoup M. Lerebours, l'éminent curé de la Madeleine, et M. l'abbé Dumax, premier vicaire de Notre-Dame-des-Victoires, avec lesquels il était en relation. Ce fut pour nous un vrai bonheur, si loin de Paris, d'entendre parler, en termes émus, de notre chère paroisse, et de respectables ecclésiastiques, qui nous ont toujours inspiré l'estime la mieux méritée. Malheureusement l'heure avancée ne nous permit pas de prolonger notre visite, la nuit était venue ; nous avions une longue course à faire pour regagner notre hôtel ; le bon père nous mit dans notre chemin, et nous fit promettre de revenir le lendemain.

Le lendemain en effet, de bonne heure, nous regagnâmes le presbytère ; le père Berthier nous y attendait ; il nous reçut avec sa cordialité de la veille ; il nous fit visiter son église, toute de bois, mais bien ornée. Throndjem, dont la population est de 25,000 habitants, n'a que cent catholiques, mais beaucoup de luthériens assistent aux offices, par l'attrait des chants et des cérémonies. Le prêtre catholique est partout respecté, et même reçu dans les familles luthériennes. Notre bon religieux nous fit accepter une petite réfection, qu'il arrosa d'un vin d'Espagne, bien autrement agréable et généreux que la bière, notre boisson habituelle.

Nous restâmes longtemps avec lui, retenus par le charme de sa conversation, toute pleine des détails les plus piquants. L'hiver, à Throndjem, est long et rigoureux ; il dure huit mois : il ne finit qu'en mai, pour recommencer en octobre ; il s'annonce dès la fin de septembre. Le thermomètre descend à 30 et 40 degrés centigrades ; quelquefois, mais rarement, la neige d'un hiver persiste jusqu'à la neige de l'hiver suivant. Alors, toute culture est impossible. La terre ne produit ni froment, ni seigle, ni orge, ni sarrasin, mais seulement un peu d'avoine, à laquelle la bonne saison laisse à peine le temps de mûrir ; il n'y a aucun arbre fruitier ; les habitants ne mangent pas de pain ; ils se font des galettes d'avoine, dures et sèches comme la pierre ; ils se nourrissent surtout de poisson fumé, ou que l'on garde frais, en le laissant geler à l'air extérieur ; la gelée conserve très bien le poisson et la viande.

Pour alimenter le personnel du presbytère, qui se compose de deux ou trois prêtres, et de cinq ou six jeunes gens, étudiants en théologie, et destinés au sacerdoce, on achète de temps en temps une moitié de bœuf, que l'on monte au clocher, toute fraîche, toute saignante, et non salée ; elle s'y congèle, et y devient dure comme du bois ; il faut, pour s'en servir, la scier par morceaux, comme on scierait un tronc d'arbre, et on trouve que sous la seule action de la gelée elle a conservé, dans ce singulier garde-manger, toute sa saveur et toute sa fraîcheur primitives.

Il fallait songer à notre voyage en Laponie, long voyage, de cinq jours et de quatre nuits en mer, dans les fjords. Le père Berthier voulut nous accompagner au paquebot *le Jupiter*, qui devait partir le lendemain, et qui était amarré dans le port, à l'autre extrémité de la ville, au milieu de nombreux navires marchands. Nous visitâmes avec lui ce magnifique paquebot, dans tous ses détails. Le père, qui connaissait le capitaine, nous recommanda chaudement, nous choisit une cabine confortable, et nous remit un livre, où nous devions trouver tous les renseignements qui pouvaient nous être utiles ; après quoi, nous prîmes congé de ce bon missionnaire, dont la cordialité, l'excellent accueil et l'empressement à nous être agréable nous avaient si vivement touchés.

La cathédrale de Throndjem devait appeler toute notre attention. Cette église construite aux douzième et treizième siècles, sous le vocable de Saint-Olaf, patron de la Norwège, était, avec la cathédrale d'Upsal, la plus belle et la plus vaste de l'Europe du nord. Malheureusement elle fut ravagée par plusieurs incendies, et les dévastations que le feu n'avait pas accomplies furent consommées, au seizième siècle, par le luthérianisme. La réforme de Luther, le jour où elle en prit possession, y commit les mêmes actes de vandalisme qui, plus tard, en 1793, dégradèrent et défigurèrent nos cathédrales de France. Les statues furent brisées, les chapiteaux des colonnes détruits, toutes les richesses architecturales anéanties, ou recouvertes d'une couche épaisse de plâtre ; le chœur et la grande nef ne furent plus qu'une misérable ruine ; la nef transversale seule, dépouillée de tous ses ornements, fut conservée pour le culte luthérien. C'est là que les Rois de Suède viennent recevoir la couronne de Norwège.

Il y a vingt ans environ, le gouvernement comprit qu'il était de son honneur de relever cette église, et de lui rendre son ancienne splendeur. Les travaux de restauration activement conduits, et dirigés par d'habiles artistes, doivent durer, nous a-t-on dit, encore au moins soixante ans. S'ils sont continués avec la même intelligence, la même science et le même talent, nous n'hésitons pas à dire que la cathédrale de Throndjem sera une des merveilles du monde.

Aujourd'hui l'une des grandes portes latérales et le chœur sont complètement terminés, et remis dans leur état primitif. Nous ne croyons pas que l'art chrétien, au moyen âge, ait jamais rien produit, dans aucun pays, de plus beau, de plus parfait. Tout est admirable, et l'ensemble et les détails; les piliers, les colonnes, les colonnettes, sont d'une grâce et d'une légèreté incomparables; les soubassements, les chapiteaux, les archivoltes, les nervures des fenêtres, des murs, des ogives sont fouillés, sculptés avec une fécondité d'imagination, avec un fini, une patience, une délicatesse et une perfection d'exécution, en présence desquels on reste confondu. Le chœur est octogonal, de la plus ravissante élégance, et entouré d'une nef circulaire, dont toutes les colonnes et tous les ornements sont de véritables chefs-d'œuvre.

Mais peut-être allons-nous être taxé d'exagération; peut-être va-t-on dire que nous voyons toutes choses à travers le prisme grossissant d'une imagination surexcitée, et au diapason d'un perpétuel enthousiasme. Si quelques esprits froids, sceptiques et malicieux avaient cette méchante pensée, je me trouverais justifié, et plus que vengé, par la lettre que je vais transcrire, au risque de blesser la modestie de son auteur. Au mois de juillet dernier, un des prêtres les plus distingués et les plus éloquents du diocèse de Troyes, M. l'abbé Nioré, chanoine et secrétaire de

'Evêché, me faisait l'honneur et la très agréable surprise de m'adresser, de Moscou, la lettre suivante dont nos lecteurs seront heureux d'apprécier le charme, le style imagé, vif et pittoresque.

Moscou, 26 juillet 1884.

MONSIEUR LE DOCTEUR,

Je ne veux pas quitter Moscou sans vous dire à quel point je partage votre admiration pour cette ville extraordinaire. Nous revenons de la montagne aux Moineaux, par un temps superbe et nous avons joui, avec enthousiasme, de ce magnifique panorama.

Quel spectacle merveilleux, que ces milliers de coupoles qui resplendissent au soleil ! quels rayons de feu que ceux qui s'échappent des dômes dorés de la cathédrale du Sauveur ! C'est une véritable féerie, et l'on n'en peut détacher ses regards.

Nous avons visité cette belle cathédrale du Sauveur ; l'intérieur, sans être aussi grandiose que Saint-Pierre, ou Saint-Paul de Rome, est ce que j'ai vu de plus harmonieux. Marbres, dorures et peintures y sont agencés avec une sûreté de goût, que je ne puis admirer assez. L'or y est prodigué, mais sans fracas, avec une sorte de profusion discrète, qui le réduit à n'être que l'encadrement nécessaire des plus délicieuses peintures.

Nous avons vu le Kremlin dans toutes ses parties, et parcouru la ville dans tous les sens. Hier nous avons été au monastère de Troïtza. De tout cela, nous sommes enchantés, ravis, et nous emportons, en partant, le désir, je n'ose pas dire, le projet de revenir.

Votre livre ayant été un des motifs les plus forts qui m'ont déterminé à faire le voyage de Russie, il était juste de vous remercier du plaisir que vous m'avez procuré, et de vous dire que nous partageons complètement, mon compagnon et moi, toutes vos impressions.

Veuillez agréer, etc.

CH. NIORÉ.

Si quelque bon vent poussait un jour M. l'abbé Nioré jusqu'à Throndjem, nous sommes persuadé que ses impressions y seraient ce qu'ont été les nôtres; il verrait que nous n'avons rien exagéré, et dans ces lointains parages de la Norwège, comme à Moscou, comme au Kremlin, à la butte des Moineaux, à la cathédrale du Sauveur, et au monastère de Saint-Serge, nous aurions encore la grande satisfaction de nous trouver en parfaite conformité d'idées et d'appréciations, avec un homme d'un esprit aussi juste et aussi élevé.

Après avoir admiré, comme elle le mérite, la restauration de cette vieille cathédrale, qui renaît de ses cendres ; des beautés de l'art, nous passâmes aux beautés de la nature. A deux lieues environ de la ville, la rivière de Leerfossen, dans un site alpestre, se précipite, en cascade, de rochers en rochers. On voit d'abord, d'en haut, ses eaux mugissantes, rouler en large nappe, et disparaître dans les anfractuosités d'un gouffre béant. Puis, en descendant, pendant une demi-heure, les pentes abruptes d'un étroit sentier, on arrive au fond du gouffre, et là, on ne peut se défendre d'un véritable saisissement, à l'aspect de l'énorme masse d'eau qui tombe avec fracas, se brise et rejaillit avec l'éclat scintillant du cristal, et la transparente blancheur d'une fumée, ou d'un nuage qui flotterait au-dessus de l'abîme, comme pour en dissimuler la profondeur.

Le lendemain de cette belle excursion, pendant laquelle nos yeux furent sans cesse captivés par les perspectives les plus variées et les plus pittoresques, était le jour du départ. Dès le matin, nous courûmes à la poste; toujours pas de lettres! Il fallait cependant nous embarquer et partir, en nous résignant à n'avoir des nouvelles que quinze jours plus tard environ, c'est-à-dire à notre retour, à Throndjem.

Le *Jupiter* levait l'ancre à midi : le père Berthier n'ayant pu s'y rendre eut la délicate attention d'y envoyer un de ses élèves, pour veiller à notre installation, et nous donner tous les renseignements dont nous pourrions avoir besoin.

Me rappelant combien ma chère compagne avait souffert dans notre traversée, de dix-sept heures, de Naples à Palerme, je n'étais pas sans inquiétude, à son sujet, sur cette longue navigation d'une dizaine de jours, de Throndjem à Tromsö, et de Tromsö à Throndjem; heureusement le temps était superbe, aussi les cinq jours de la première partie du voyage furent exempts de tout malaise.

Voici comment se passait notre vie à bord : suivant notre habitude de Paris, nous nous levions de bonne heure, et, dès le matin, nous montions sur le pont, pour y respirer la fraîcheur et la brise de la mer ; à 8 heures, on sonnait le premier déjeuner. Dans ces latitudes du Nord, la nourriture est non seulement forte, tonique, très animalisée, mais encore d'une extrême abondance. Le Napolitain se contente de fruits et de macaroni; au Norwégien, il faut de la viande trois fois par jour; ainsi, au premier repas, modestement appelé, *le café au lait*, on nous servait des œufs, des pommes de terre, des beefteaks, des côtelettes, du poisson, des viandes fraîches et fumées, de la charcuterie, et enfin, le café au lait. Lestés de la sorte, nous regagnions le pont, où notre temps était employé de la manière la plus agréable : la promenade, la conversation, la lecture, l'écriture, la contemplation d'une nature extraordinaire et fantastique, des levers et des couchers de soleil sur la mer, sur les montagnes, sur les rochers et sur les glaciers : la rencontre des navires de passage dans les fjords; le va-et-vient des bateaux, qui, à chaque station, nous amenaient, et nous enlevaient des voyageurs et des marchandises ; la difficulté de l'abordage, de l'embarquement et du débarquement, quand les vagues agitées secouaieut les barques de transport, et menaçaient de les submerger corps et biens, ou de les briser contre les flancs du *Jupiter:* tout cela, toutes ces émotions étaient, pour nous, de continuelles et irrésistibles distractions.

A 2 heures, la cloche nous appelait au dîner; c'est alors que défilaient sur la table les soupes au vin, à la bière et au piment, les rôtis aux confitures, les conserves, les hachis, les compotes de homards, de poissons, de rennes et de gélinottes, les gâteaux, les crèmes et les gélatines glacées; le café se servait sur le pont. Le grand air était nécessaire pour faciliter à l'estomac, mis à une si rude épreuve, la lourde tâche qu'il avait à remplir. A 8 heures du soir, le besoin d'une nouvelle réfection se faisait sentir, on descendait pour le souper, qui ne le cédait en rien aux deux repas précédents.

Revenus sur le pont, nous savourions, jusqu'à une heure avancée, la merveilleuse beauté, l'ineffable jouissance de la soirée, dans ces parages du Nord; nous admirions, sous un ciel sans nuages, les magnifiques constellations qui brillaient au firmament, l'étoile polaire qui scintillait presque verticalement sur notre tête; l'énorme paquebot qui filait dans l'ombre, au pied de gigantesques amoncellements de rochers ; il en était entouré de toutes parts ; leurs masses immenses se dessinaient vaguement, et se perdaient dans la demi-obscurité, nous en étions comme enveloppés; il nous semblait que le sillage du paquebot était sans issue possible, tant leurs parois étaient rapprochées, sinueuses et semblables à un labyrinthe inextricable. Je me levais quelquefois au milieu de la nuit, et seul sur le pont, dans le silence du recueillement, n'entendant que le bruit de l'hélice qui battait l'eau, je restais longtemps absorbé dans un de ces ravissements, que la plume ne saurait décrire.

Quand le jour reparaissait, c'étaient de tout autres aspects ; le soleil radieux dorait la cime des montagnes; des phoques allongeaient leurs grosses têtes pointues au-dessus des vagues; des mouettes, des goélans, aux larges ailes blanches, volaient, tourbillonnaient autour de nous; des eiders, ces précieux palmipèdes, auxquels il est défendu de toucher, parce qu'ils nous fournissent le duvet de nos édredons, nageaient, en troupes nombreuses, sur le bord des rivages, ou se promenaient paisiblement sur le versant des rochers. Ce n'étaient de tous côtés que montagnes neigeuses de toutes les formes, que pics gigantesques, se dressant à tous les points de l'horizon. Pendant plusieurs heures, le paquebot côtoya un glacier de 20 lieues d'étendue, appelé le *glacier noir*, parce que l'éclatante blancheur de ses glaces ressort, sur la teinte noire des rochers qui les encadrent.

Notre bonne chance, un heureux hasard avaient voulu qu'un monsieur et une dame de Paris fissent, sur le même paquebot, le même voyage que nous. En pays étranger la connaissance est bientôt faite, surtout quand il s'agit de gens bien élevés, d'esprits distingués, d'un abord et d'humeur agréables. Nos compagnons de route étaient tout cela, aussi quelles bonnes et charmantes causeries avec eux ! quels récits désopilants ! quelle gaieté ! quel fou rire, quelquefois, pendant les repas !

Le lundi, 1er septembre, troisième jour de notre navigation, à 4 heures après midi, le *Jupiter* franchit le *cercle polaire :* le soir, après un splendide coucher de soleil, et pendant une magnifique et lumineuse soirée, de concert avec le capitaine, les officiers du bord et nos aimables Parisiens, nous fêtâmes, au pétillement du champagne, ce mémorable passage, notre présence à une latitude si lointaine, et notre entrée dans la mer polaire. Le lendemain, le soleil se levait à 2 heures du matin; la mer était du plus beau bleu d'azur, et les montagnes, blanches de neige et de glace, à leur sommet, nous offraient les formes et les aspects les plus variés et les plus bizarres.

A 2 heures après midi, nous arrivions aux îles Loffoden ; impossible de se figurer rien de plus sauvage, de plus sinistre et de plus grandiose, en même temps, que cet archipel ; c'est la nature avec ses teintes les plus lugubres, avec toutes ses tristesses, toutes ses horreurs et tous ses désespoirs : s'il fallait y séjourner, on sentirait tomber sur sa tête comme une écrasante et inexorable sentence le *lasciate la esperanza* du Dante. Ce sont partout de gigantesques rochers noirs, nus, inaccessibles, de quatre à cinq mille pieds de hauteur ; ils sont entassés les uns sur les autres, tellement découpés à leur sommet, tellement hérissés de pics, de pointes et d'aiguilles, qu'on les a comparés à des dents de scie, ou à des mâchoires d'énormes requins. On n'y voit pas un arbre, pas un brin d'herbe, rien qui appartienne à la vie ; c'est la mort, la mort partout, et aussi loin que les regards peuvent s'étendre ; et pourtant il y a là des habitants. Ces malheureux, ces déshérités du sort et de la fortune, ont pour moyen d'existence la pêche de la morue, et la fabrication de l'huile, qu'ils expédient en quantité considérable. Le panorama des îles Loffoden est un des tableaux les plus gigantesques et les plus étonnants, et l'une des scènes de la nature les plus saisissantes qu'il puisse être donné à l'œil humain de contempler.

Le jour suivant, mercredi 3 septembre, cinquième jour depuis notre départ de Throndjem, vers midi, nous apercevions de loin un petit clocher qui nous paraissait surgir du milieu de la mer, c'était l'église luthérienne de Tromsö ; le *Jupiter* jeta l'ancre, à un quart de lieue du rivage, et par une charmante galanterie du capitaine, le pavillon français fut hissé, en notre honneur, au sommet du grand mât. Une barque nous mena à la ville ; nous étions en Laponie norwégienne, à la limite extrême de notre voyage.

Tromsö est une petite ville de 5,000 âmes ; les maisons, de planches de sapin, en général bien alignées, sont basses, à un étage seulement : celles qui bordent la mer sont perchées au-dessus de l'eau, sur des pilotis ; les autres s'élèvent en amphithéâtre le long de rues, tracées sur la pente orientale d'une petite île qui, dans le reste de son étendue, est couverte d'une végétation misérable et toute rabougrie. Cette végétation, si pauvre qu'elle soit, est due au fameux courant marin, appelé *gulf stream*, qui, partant du golfe brûlant du Mexique, conserve assez de sa température élevée, primitive, pour échauffer encore, par le rayonnement de son calorique, quelques-unes des côtes septentrionales de la Norwège, l'île de Tromsö, en particulier. Sans ce courant vivifiant, qui se perd dans l'océan Glacial, sans cette source de chaleur, l'île de Tromsö, située positivement à l'entrée de la mer Glaciale, au 70° degré de latitude, 4 degrés plus au nord que l'Islande et qu'Archangel, et à la hauteur de la partie méridionale du Groënland, serait glacée, improductive et fermée à toute végétation. Grâce à ce courant, la température y est moins froide, plus élevée que dans ces autres pays, bien qu'elle soit cependant plus rapprochée du pôle. Son aspect est agréable et verdoyant. On y trouve, en grande quantité, une très belle plante annuelle, herbacée, de la famille des Ombellifères, appelée *Heraclium siberiacum*. Cette magnifique plante se développe dans les mois de mai, juin, juillet; elle acquiert 3 mètres de hauteur; sa robuste tige est creuse, cylindrique, rameuse, avec de grandes feuilles arrondies, et se termine, à son sommet, par une fleur en ombelle, largement étalée. Elle commence à se dépouiller, et à se flétrir dès les premiers jours de septembre. Nous avons pu l'admirer encore dans toute sa beauté.

L'île de Tromsö s'élève à une assez grande hauteur au-dessus de la mer; toute la partie qui n'est point occupée par la ville est couverte d'une forêt, au milieu de laquelle sont éparses des villas, des maisons de plaisance. La forêt est composée de deux essences différentes, de sapins et de bouleaux. Ces arbres en miniature, tous, petits, nains, difformes, tordus, contournés sur eux-mêmes, souffreteux et malingres, misérables avortons, et disgracieuses caricatures du règne végétal, sans sève et sans vigueur, sont du plus bizarre effet ; on éprouve, à leur aspect, l'impression que produirait une population d'enfants bossus, mal tournés, cagneux, bancals, goîtreux, rachitiques, scrofuleux et crétins. Une voiture attelée de deux petits poneys, et conduite par un Norwégien, assis à l'arrière, nous fit parcourir cette étrange forêt, et nous amena au point le plus élevé de l'île. Dominant alors tout le panorama de Tromsö, nous nous vîmes, comme dans une oasis, enveloppés d'un bras de mer, au delà duquel s'étendait, en ceinture, un sombre et grandiose horizon de glaciers et de montagnes abruptes et sauvages, les unes noires et rocheuses, les autres couvertes de neige.

Au retour de cette promenade, et après avoir contemplé cette vue d'ensemble, si imposante, et d'un si grand caractère, nous nous rendîmes au presbytère catholique. Nous y fûmes reçus de la manière la plus charmante, par les deux missionnaires, le père Crul, Norwégien, et le père Érick Wang, Hollandais. Ces deux prêtres, parlant assez bien français, nous firent l'accueil le plus aimable et le plus empressé. Chez eux, ils portent la soutane, au dehors, la redingote noire, et le chapeau à haute forme; ils sont respectés et aimés de tout le monde, et même des luthériens, qui constituent l'immense majorité de la population, et qui, à Tromsö, comme à Throndjem, assistent volontiers à leurs offices. Ils relèvent de l'évêque de

Christiania ; ils nous firent les honneurs de leur église, contiguë au presbytère, toute de bois, et surmontée d'un élégant petit clocher ; une promenade dans la ville, où, pour la première fois, nous vîmes des Lapons, termina la journée.

Le soir était arrivé : il fallut retourner au *Jupiter*, où nous devions souper et coucher. Les bons pères voulurent nous y accompagner ; ils montèrent en barque avec nous, et nous revînmes tous ensemble au paquebot. Avant de nous séparer, nous arrêtâmes, d'accord avec le capitaine, le programme de la journée du lendemain, qui devait être une des plus intéressantes de tout le voyage : 1° à huit heures, la messe ; 2° visite de l'école et promenade en ville ; 3° à midi, grand dîner de gala sur le *Jupiter ;* 4° excursion, de l'autre côté du détroit, dans un campement de Lapons et de rennes. Tout cela accepté, et bien convenu ; les bons pères partirent dans la petite barque, et, du haut du pont, nous les suivîmes longtemps, des yeux, échangeant avec eux les plus affectueux saluts, comme s'ils étaient déjà pour nous de vieux amis. Nous soupâmes et nous gagnâmes nos cabines, ravis et enchantés.

Le lendemain, jeudi 4 septembre, dès sept heures du matin, nous étions en barque, voguant vers Tromsö. La messe commença à huit heures, elle fut célébrée par le père Crul, assisté du père Érich-Wang. Nous pensions que ce serait une messe basse ; quelle ne fut donc pas notre surprise d'entendre des chœurs d'enfants, chanter avec accompagnement d'orgue le

Kyrie, le *Sanctus*, le *Benedictus qui venit*, l'*Agnus Dei*..., etc. Ces chants inattendus, d'une si pieuse expression, ces voix d'enfants, cet orgue, dont les sons étaient si doux, ces mêmes chants, ces mêmes airs de Paris, retrouvés et entendus, dans une région si différente, si lointaine, en pleine Laponie, tout cela nous émut profondément, et je sentis mes yeux se mouiller de larmes. Je me rappelai ce que mon père me disait autrefois : « *que les émotions religieuses ont, plus que toutes les autres, le secret de remuer l'âme et de toucher le cœur, parce qu'elles sont les plus vraies.* »

Après la messe, les pères nous conduisirent à l'école, dont ils ont la haute direction. Les jeunes filles étaient assises d'un côté, les jeunes garçons de l'autre ; à notre entrée, tout ce petit monde se leva, salua respectueusement, et se mit à chanter, debout, accompagné par le piano, et avec un parfait ensemble, l'hymne national de la Norwège. Toutes ces jeunes voix chantèrent, avec les plus chauds et les plus vigoureux accents, cet hymne patriotique, où l'on sent palpiter l'amour du pays, et l'enthousiasme de la mer, des lacs et des montagnes. Puis, quelques enfants sortirent des rangs, et déclamèrent, avec beaucoup de naturel et d'entrain, des tirades de poésie norwégienne. La séance se termina par le chant d'une prière.

Au sortir de l'école, nous parcourûmes la ville, intéressante par sa physionomie exotique, par ses magasins de vêtements, de productions indigènes, de peaux, de fourrures, de chaussures, de couteaux et de diverses industries laponnes. Nous nous rendîmes ensuite au presbytère, où la plus agréable causerie nous retint jusqu'au moment de regagner le *Jupiter*, pour le dîner.

C'était un vrai dîner de gala, que, de concert avec nos deux aimables compagnons de voyage, nous voulions offrir aux deux missionnaires, au capitaine et à ses deux lieutenants. Nous en avions, avec le plus grand soin, commandé le menu, indiqué et prescrit la préparation, *française et non pas norwégienne*, au chef du bord, qui s'en acquitta à la satisfaction générale. Nous aurions pu nous croire à Paris, et chez Brébant : des vins généreux avaient remplacé la bière de tous les jours, et le champagne pétillait à la santé des bons pères et de notre bon capitaine.

Au charme de ce joyeux et cordial festin, devait succéder un plaisir d'un tout autre genre, une excursion dans un campement de Lapons. Tous les préparatifs, tous les détails en avaient été réglés par les deux missionnaires et par le capitaine, avec une prévenance, dont nous ne perdrons jamais le souvenir. Une grande barque était amarrée à l'échelle du paquebot : à cette barque était attelé un petit vapeur remorqueur ; la pluie tombait fine et morfondante. Cette pluie fut-elle un contretemps? Non, car elle nécessita, pour chacun de nous, un incroyable travestissement, qui ajouta au pittoresque de la situation. Nous fûmes tous revêtus, prêtres, marins, hommes et femmes, d'un immense manteau de toile goudronnée, de couleur jaune-citron, qui nous enveloppait de la tête aux pieds; on nous coiffa d'une sorte de vaste capeline de même étoffe, et de même couleur, dont les larges rebords retombaient en arrière, jusque sur le dos, et formaient, en avant, comme une visière de casquette d'une longueur démesurée. Ainsi affublés, nous avions l'air d'une épouvantable réunion de monstres marins, et s'il nous restait encore quelque chose d'humain, nous ne pouvions être pris que pour des Samoïèdes, des Groënlandais, ou des Esquimaux.

Nous descendîmes dans la barque; nous étions neuf, les deux missionnaires, le monsieur et la dame de Paris, Pauline et moi, le capitaine et deux matelots. Le petit vapeur siffla, et nous partîmes: la mer était mauvaise, agitée; les vagues ondulaient, s'entrechoquaient, rejaillissaient et tombaient sur nous, en même temps que la pluie; mais grâce à nos carapaces imperméables, nous restions à l'abri de toute atteinte. Le ciel était noir; c'était la couleur qui convenait au tableau; elle s'harmonisait avec le sombre horizon de montagnes qui nous apparaissaient à travers les nuages. Nos deux frêles esquifs, ballottés, secoués, agités de mouvements désordonnés, dansaient une sarabande insensée, en filant à toute vapeur, au milieu du bouleversement des flots. Le visage calme et souriant du capitaine, assis à l'arrière de la barque, éloignait de nous toute crainte, et réchauffés par un excellent cordial norwégien, nous nous abandonnions sans crainte à toutes les émotions de cette nature hyperboréenne.

Après une navigation de deux heures, nous débarquâmes dans une contrée nue, sans arbre, d'un aspect sauvage et désolé, et, en traversant des marécages, nous gagnâmes le campement des Lapons.

Ici, chers lecteurs, comment vous décrire ce que nous avons vu? Comment vous donner une idée de cette scène extraordinaire, si nouvelle pour nous, et dont le souvenir nous semble maintenant un rêve? Figurez-vous une colline, dont le versant est couvert, sur toute sa surface, d'un troupeau de six à sept cents rennes. Vous savez que le renne est grisâtre, gros comme une forte biche, orné d'énormes cornes, divisées en plusieurs branches, de formes différentes, couvertes de poils, et dont la longueur, disproportionnée avec la petite tête de l'animal, est certainement de beaucoup plus d'un mètre, à un mètre et demi.

De loin, si les rennes sont nombreux, toute cette ramure ressemble à une forêt que l'hiver aurait dépouillée de ses feuilles; et si les six ou sept cents rennes descendent en bloc, et, tous à la fois, la colline, il semble alors que c'est la forêt qui se remue, qui s'anime, qui descend et vient à votre rencontre, c'est fantastique!... Voilà le spectacle étrange qui nous a été offert. Sur un signe des missionnaires et du capitaine, les Lapons lancèrent leurs chiens, qui rassemblèrent l'immense troupeau de rennes disséminé, le réunirent, le condensèrent et le poussèrent vers nous, comme une véritable armée, marchant de front, et en bataillons serrés. Nous pûmes, avec l'aide de leurs gardiens, en saisir quelques-uns, entendre leur petit bêlement, d'une tonalité douce et timide, les toucher, les caresser, examiner leurs longues cornes branchues, qui se dépouillent facilement du tégument épais et poilu, dont elles sont recouvertes; nous pûmes nous rendre compte de leur force, qui est considérable, et de l'épaisseur de leur fourrure, tout à fait impénétrable au froid.

Quant aux Lapons, ils sont des plus intéressants à étudier; ils descendent de la race mongole, et constituent une race à part, ne ressemblant à aucune autre, petite, trapue, arrêtée dans son développement, atrophiée, malingre et rabougrie, comme les arbres de leur latitude. La laideur du Lapon n'est pas moins remarquable que sa petitesse; sa tête est grosse, sa bouche largement fendue, ses lèvres épaisses, ses hanches fortes, ses jambes courtes. Chaque organe, pris isolément, est disgracieux; l'ensemble l'est encore davantage; la saleté est aussi un de ses caractères distinctifs; ses longs cheveux incultes tombent sur son front et sur ses joues. On sent à son aspect, et à son abord, que les moindres soins de propreté lui sont absolument inconnus, que jamais un filet d'eau n'a passé sur sa figure, que jamais une éponge mouillée n'a été promenée sur son corps; l'odeur dont il est imprégné, qui s'attache à tout ce qui le touche, et qu'il exhale à distance, ne laisse aucun doute à cet égard. La femme, le charme, le bouquet, le parfum de l'humanité, en est ici la hideuse, repoussante et grimaçante caricature. Si la belle Hélène, femme de Ménélas, roi de Sparte, eût été Laponne, le beau Pâris, fils de Priam, ne l'eût certainement pas enlevée, les Grecs n'eussent point fait le siège de Troie, et nous n'aurions ni l'*Iliade*, ni l'*Énéide*. Si, comme Vénus Amphitrite, épouse de Neptune, la femme laponne était fille de la mer, et avait pris naissance au fond des eaux, on pourrait dire, qu'après l'avoir amenée au jour, effrayé de sa laideur,

Le flot qui l'apporta recule épouvanté.

Les Lapons ont toujours à leur ceinture un grand couteau, dont la lame en forme de cimeterre est enfermée dans une gaîne de corne de renne. Nous avons détaché, nous-même, de leur support de cuir, et acheté trois ou quatre de ces couteaux, qu'il nous a fallu purifier de leur arôme lapon, et dont l'un est maintenant déposé sur notre bureau. Le manche et la gaîne de ces couteaux sont agrémentés de dessins très bizarres, sculptés, incrustés dans leur épaisseur, et représentant des personnages, des habitations, des chiens, mais surtout des rennes, avec leurs immenses cornes ramifiées, dont la longueur démesurée semble incroyable et de pure fantaisie, bien qu'elle ne soit en réalité que la fidèle reproduction de la nature.

Les rennes sont toute la fortune des Lapons; avec leurs peaux, ils se confectionnent un habillement complet, chaussures, pantalons, manteaux, fourrures et coiffures; l'hiver, ils les attellent à leurs traîneaux, et font avec eux, sur la neige, les courses les plus rapides; ils se nourrissent de leur chair, aliment excellent, à la condition qu'elle soit convenablement accommodée, et, tous les jours, ils viennent en vendre, au marché de Tromsö.

Les Lapons ont une langue à eux, c'est la langue laponne, qui n'est ni la langue russe, ni la langue suédoise, ni la langue norwégienne; ils sont réfractaires à toute civilisation; ils ne peuvent se fixer nulle part, semblables, sous ce rapport, aux tribus nomades des Arabes du désert; leur vie est constamment errante; dans leurs incessantes migrations, ils vont à l'aventure, au hasard, sans direction arrêtée. Quand les rennes ont brouté toutes les mousses, toutes les racines, tous les lichens d'une contrée, quand ils n'y trouvent plus rien à manger, alors ils passent dans une autre région, et les Lapons les suivent; c'est le troupeau qui mène, et qui conduit le pasteur. La physionomie du Lapon est narquoise et rusée; ils sont, tous, plus ou moins marchands et trafiqueurs, en d'autres termes, tous plus ou moins voleurs et attrapeurs; ils font commerce de tout ce que les rennes peuvent leur fournir. Si on les examine au point de vue anthropologique, on constate que leurs yeux, leur crâne, la conformation de leur tête, ont une remarquable ressemblance avec les yeux, le crâne et la conformation de la tête des Chinois, qui appartiennent comme eux à la race mongole. La même ressemblance existe entre les deux peuples, au point de vue ethnographique, et pour tout ce qui a rapport aux gravures et aux dessins. On retrouve, dans les productions artistiques des Lapons, si primitives et si grossières qu'elles soient, dans leurs dessins, dans leurs gravures, le style, le cachet et la manière d'être de la Chine. A une époque indéterminée de l'histoire, les deux races, laponne et chinoise, auraient donc été mêlées et confondues ; sous la dénomination primitive et commune de race mongole, elles n'auraient été qu'une seule et même race, elles auraient eu la même origine, elles seraient sorties de la même souche, et se seraient ensuite séparées pour occuper, l'une, les régions les plus septentrionales de l'Europe, où elle s'est confinée, et l'autre, les immenses espaces qui constituent, en Asie, l'empire Chinois? Quelles que soient les causes et les interprétations de ces analogies et de ces similitudes, elles n'en sont pas moins curieuses et intéressantes; il était bon de les noter.

Quand nous regagnâmes le *Jupiter*, la soirée était très avancée ; nous fîmes nos adieux à notre bon capitaine, qui, dans la nuit même, devait reprendre avec son paquebot la route de Throndjem, et nous allâmes à terre, nous installer au *Grand-Hôtel* de Tromsö.

Le lendemain matin, au premier déjeuner, une grande surprise nous était réservée ; une lettre à l'adresse de : *Madame Guibout*, était à notre place. D'où venait cette lettre ? Qui avait pu l'écrire dans un pays si éloigné, où personne ne nous connaissait ? — L'hiver précédent, ma chère femme avait rencontré, par hasard, dans un salon de Paris, une dame, dont la conversation l'avait vivement intéressée ; cette dame racontait un voyage d'exploration en Laponie, que venait de faire son fils, M. Rabot. Or, cet été même, M. Rabot, jeune et savant naturaliste, et voyageur intrépide, avait reçu, du muséum de Paris, une seconde mission pour continuer ses explorations; il était donc reparti, emmenant avec lui sa mère, qu'il avait laissée à Tromsö, son quartier général. Madame Rabot avait, paraît-il, gardé un bon souvenir de ma chère femme, puisque, apercevant son nom sur le registre de l'hôtel, elle s'était empressée de lui écrire. Chose singulière ! ces dames ne s'étaient vues qu'une seule fois; le récit d'un voyage en Laponie les avait rapprochées, quelques instants seulement, et, huit mois plus tard, par le plus grand des hasards, sans aucune entente de leur part, et après être restées complètement étrangères l'une à l'autre, c'était précisément en Laponie qu'elles se retrouvaient ! Madame Rabot est une femme du meilleur monde, très instruite, et de la plus haute distinction; sa rencontre si fortuite, si imprévue et si bizarre, fut pour nous une bonne fortune, un des plus agréables épisodes de notre voyage ; nous fîmes, avec elle, une charmante promenade, à onze heures du soir, encore en plein jour ; nous recueillîmes, de sa bouche, d'intéressants détails sur un pays, qu'elle avait eu le temps d'étudier, et qui est si différent de la France. Dans les mois de juin et de juillet, à minuit, à une heure et à deux heures du matin, il fait grand jour, les photographes opèrent, et nous avons vu de très belles épreuves photographiques obtenues par le soleil de minuit; il est si ardent qu'il faut se prémunir contre le danger des insolations; à minuit, toutes les dames ont leurs ombrelles. Madame Rabot nous raconta qu'elle avait fait, avec son fils, et plusieurs autres personnes, entre minuit et deux heures du matin, dans les environs de Tromsö, une excursion, qui eût été délicieuse, sans les rayons du soleil, contre lesquels les ombrelles n'offraient qu'un abri insuffisant.

Nous devons encore un excellent souvenir à madame Thérèse Tygen, mère de deux charmants jeunes gens, veuve d'un ingénieur norwégien, Norwégienne elle-même, native de Christiania, et retirée à Tromsö. Elle voulut bien nous inviter, et nous recevoir chez Elle, avec la plus aimable cordialité. Dans ses appartements, du goût le plus pur, et ornés de fleurs, nous aurions pu nous croire à Paris, au faubourg Saint-Germain.

N'oublions pas non plus mademoiselle Annie Cowen, Anglaise de naissance, directrice de l'école, et musicienne distinguée, dont nous avons pu apprécier l'agréable talent.

Nous avions donc trouvé, à l'extrémité septentrionale de l'Europe, en pleine Laponie norwégienne, à deux degrés et demi de latitude au delà du cercle polaire, la plus gracieuse société, et en même temps, les plus saisissants contrastes. A Tromsö, c'étaient de sympathiques relations, d'intéressantes causeries, où les saillies de l'esprit allaient de pair avec les délicatesses de l'éducation et du cœur ; de l'autre côté du détroit, chez les Lapons, c'était la vie de la nature, la vie primitive, inculte, nomade et grossière, la vie du désert, de la steppe, du renne, en un mot, la vie sauvage.

Tel est cet étrange et singulier pays, le pays des

extrêmes et des contrastes. Dans les mois de juin et de juillet, le soleil ne se couche pas; à minuit comme à midi, il brille à l'horizon, il n'y a pas de nuit. C'est un jour perpétuel, avec 30 et 40 degrés de chaleur. En août, le soleil est encore visible la plus grande partie de la nuit; il se lève à deux heures du matin; le 6 septembre, à onze heures du soir, il faisait encore jour, et nous lisions un journal, en nous promenant, dans la campagne de Tromsö. C'était une ravissante et lumineuse soirée, d'une douce et opaline clarté, inconnue à notre climat, et dont la charme ne saurait s'exprimer. Dans les mois de novembre, décembre et janvier, le soleil est absent, on ne le voit plus; il n'y a plus de jour; c'est une nuit continuelle, tout reste obscur, à midi comme à minuit: le froid est de 30 à 40 degrés ; la neige est épaisse, on glisse à sa surface, de longs patins de bois aux pieds, ou sur des traîneaux, attelés de chiens, ou de rennes.

Nous fîmes, sous la conduite de nos deux bons missionnaires, les RR. PP. Crul et Erick-Wang, une seconde excursion, chez les Lapons, mais d'un autre côté, et dans une région toute différente de la première. Cette fois, nous débarquâmes dans une région de hautes montagnes, nues, le plus souvent, et neigeuses à leur sommet: il nous fallut suivre d'étroits sentiers, à peine tracés, marcher dans des marécages, traverser des torrents, sur des pierres, ou sur des troncs d'arbres. Nous arrivâmes dans une vallée, de l'aspect le plus sombre, où étaient les habitations laponnes, que l'on appelle des *gammes*. L'*Isba*, la chaumière du paysan russe, nous avait semblé le dernier mot, le *nec plus ultrà* de la rusticité. Nous ne pensions pas que, dans les climats du Nord, il fût possible à un être humain de s'abriter sous un gîte plus simple, plus primitif. Nous n'avions pas vu alors la *gamme* du Lapon. Ici ce ne sont plus des maisons, ce sont des huttes de sauvages, de grosses mottes de terre, de véritables taupinières, formées de branches d'arbres, recouvertes d'une couche de terre ; une planche en ferme l'ouverture, par laquelle on ne peut entrer qu'en se baissant. A sa partie supérieure, le centre de la gamme est percé d'un trou, pour laisser passer la fumée du feu, allumé en dessous, et autour duquel toute la famille, hommes, femmes, enfants, est assise sur des pierres, ou se couche pêle-mêle, enveloppée dans des peaux de rennes ; tel est l'intérieur du Lapon.

Au retour de cette excursion, nous traversâmes un petit village norwégien ; les bons pères voulurent nous en faire visiter une maison ; quel contraste ! des murs blanchis à la chaux, des chambres d'une propreté irréprochable ; sur les meubles, et sur l'appui des fenêtres, des fleurs, le luxe, la parure préférée des Norwégiens comme des Suédois ; l'âpreté du climat les empêche de s'épanouir au dehors ; elles se réfugient à l'intérieur des maisons, pour en être la coquetterie, le parfum et la gaieté.

Le dimanche nous assistâmes aux offices du matin et de l'après-midi ; ils furent célébrés avec toute la solennité que comportent les ressources du pays. Les femmes placées du côté gauche, et les hommes du côté droit, restèrent à genoux, tout le temps que dura la grand'messe, et ne s'assirent que pendant la prédication. Quelques Lapons, accroupis dans le bas de l'église, regardaient les cérémonies, les yeux écarquillés, et d'un air ébahi.

Le soir, les bons pères nous reçurent à dîner, dans le presbytère ; réception charmante, et de la plus touchante cordialité ; dîner parfait, où figurèrent d'excellents beefteacks de rennes, et un vin, que la latitude sous laquelle il nous était si généreusement servi nous fit trouver plus délicieux encore.

C'était notre dîner d'adieu ; nous allions, le soir même, à minuit, quitter cette petite ville de Tromsö, où nous avions trouvé des visages si sympathiques, et des cœurs si affectueux : il fallait songer au retour, et abandonner des parages qui nous avaient ménagé tant de surprises et tant d'émotions, et que, sans doute, nous ne verrons plus. Les bons pères voulurent rester avec nous jusqu'au moment du départ ; ils nous accompagnèrent jusque sur le paquebot, le *Swer-Sigurd*, qui allait nous ramener à Throndjem. Nous fûmes émus en nous séparant de ces respectables missionnaires, qui, pendant notre séjour à Tromsö, nous avaient entourés des prévenances les plus délicates ; ce fut avec un douloureux serrement de cœur, que nous les vîmes descendre l'échelle du paquebot, nous faire, de la petite barque qui les emmenait, leurs derniers saluts, et disparaître dans l'obscurité de la nuit, en regagnant Tromsö !

A minuit, le *Swer-Sigurd* leva l'ancre, et nous par

times. Notre navigation fut de quatre jours et quatre nuits. En passant aux îles Loffoden, un ouragan nous assaillit ; ma chère compagne en ressentit les fâcheuses atteintes ; heureusement ses souffrances ne furent ni bien graves ni bien longues, elle en fut promptement débarrassée. Je pus alors contempler, tout à mon aise, ce sublime et incomparable spectacle qu'on appelle une tempête, ce gigantesque désordre de la nature, ce fantastique bouleversement des flots, agitant, ballottant, en tous sens, la masse énorme du paquebot, tandis que le vent sifflait et mugissait, avec un bruit infernal, à travers l'immensité de l'Océan.

Les jours suivants, le ciel se rasséréna, et quand, le jeudi 11 septembre, vers six heures du soir, nous entrions dans le fjord du Throndjem, le temps était d'une admirable pureté ; le soleil, à son déclin, dardait ses rayons sur les montagnes, et les illuminait de merveilleuses clartés. Parcouru, à cette heure de la journée, et dans cette diaphane et lumineuse atmosphère, le fjord de Throndjem, avec toutes ses collines, ses rochers et ses montagnes, échelonnés, en avant, en arrière, et sur les côtés de la ville, offre un des plus magnifiques panoramas que l'on puisse rêver. C'était le splendide couronnement de notre voyage en Laponie.

CHRISTIANIA — THROLLŒTTA — GOTHEMBOURG
COPENHAGUE

CHRISTIANIA — THROLLŒTTA — GOTHEMBOURG COPENHAGUE

Après une courte pause à l'*hôtel d'Angleterre*, nous courons à la poste; cette fois, nos vœux furent comblés; tous nos amis, notre frère Paul en tête, étaient là, nous attendant depuis plusieurs jours! Leurs santés étaient parfaites; leurs pensées nous suivaient. Une liasse de lettres et de journaux nous firent passer les plus délectables instants. Oh! les joies du cœur, comme elles sont suaves, et à nulle autre pareilles! et quelle suprême jouissance, si loin de son pays, de se sentir aimé de tous ceux que l'on aime, de les entendre, de les écouter, de les reconnaître à leur écriture, à leur langage, et de lire dans leur cœur, en lisant leurs lettres!

La nuit était venue, quand nous sonnâmes à la porte du Père Berthier; ce fut pour nous un bonheur de le revoir, de lui parler des PP. Érick-Wang et Crul, auxquels il nous avait adressés, et qui nous avaient si bien accueillis. Il voulait, lui aussi, nous retenir à Throndjem, mais le temps nous pressait, et nous lui annonçâmes notre départ, pour le lendemain matin, à 9 heures.

Le lendemain matin, dès 8 heures et demie, ce bon Père: avait fait près d'une lieue à pied, pour nous voir encore une fois ; il nous attendait à la gare du chemin de fer, avec son air affable, son excellente figure, et nous recevions de lui les adieux les plus affectueux, et, en même temps, quelques petits et pieux souvenirs de notre passage à Throndjem.

Chers lecteurs, si jamais vous abordez quelques plages lointaines, allez droit, et tout de suite, au presbytère catholique ; vous y trouverez ce que nous avons trouvé à Throndjem et à Tromsö, des visages épanouis, des bras ouverts, des cœurs bons et dévoués. Chez les missionnaires catholiques, vous serez toujours les bien venus, et vous vous sentirez chez des amis, alors que, sur une terre étrangère, vous ne pensiez rencontrer que des indifférents et des inconnus !...

Nous partions pour Christiania (560 kilomètres). Ce n'était plus, comme dans la région des fjords, une nature sombre et sauvage ; c'étaient de tout autres aspects ; nous traversions de frais et gracieux paysages ; nous gravissions de verdoyantes collines ; des troupeaux, au milieu d'herbes épaisses, nous paraissaient, comme suspendus à leurs flancs :

Dumosâ pendere procul de rupe videbo.

Des ruisseaux gazouillaient au fond des vallées, ou tombaient en cascades, blanches comme le cristal, sur la lisière des bois et des prairies.

Mais bientôt la scène change, nous arrivons à une zone minière, aux fameuses mines de cuivre de Roros ; la nature, riante, épanouie tout à l'heure, devient âpre et sévère ; des rochers se dressent de tous côtés autour de nous, des précipices se creusent à d'effroyables profondeurs ; ce sont les grandes Alpes Scandinaves, avec leurs masses gigantesques, et l'imposante majesté de leurs cimes, perdues dans les airs.

Plus loin, c'est un autre tableau ; voici des montagnes tapissées d'immenses forêts de bouleaux : l'automne a teinté de rouge et de jaune l'extrémité de leurs branches; on dirait des rameaux d'or, ou des fleurs d'ébénier ; la brise se joue dans leurs grappes dorées, et les balance au milieu du feuillage; charmant et pittoresque coup d'œil, où nous retrouvons des souvenirs de Russie. Plus loin encore, ce sont des forêts de sapins! Si vous voulez, mes bons amis, vous faire une idée des proportions auxquelles peuvent atteindre les sapins, n'allez ni dans les Vosges, ni dans le Jura, où ils commencent à être beaux, ni même en Suisse, où ils sont plus beaux encore, mais allez en Norwège. Vous y éprouverez le même ébahissement que nous ; comme nous, vous serez stupéfaits, à la vue de leurs tiges puissantes et gracieuses, sveltes et droites, qui s'élancent hardiment et d'un seul jet, à de prodigieuses hauteurs. Croirait-on que ces arbres géants sont de la même famille que les misérables petits avortons de Tromsö? Saisissant exemple de l'influence des climats et des terrains, sur le développement des végétaux! Si la qualité du goudron est en rapport avec la grandeur, la force et la beauté des arbres qui le produisent, nous ne sommes pas étonné que nos pharmacopées nous vantent le goudron de Norwège.

Il était nuit, quand le train s'arrêta à Koppang, devant plusieurs chalets ; les lumières donnaient un vif éclat, et comme un air de fête à leurs couleurs jaunes et rouges. C'était là, dans ces jolis et avenants petits hôtels, que nous allions coucher, au milieu d'un véritable océan de sapins, et sous un ciel étoilé, d'une admirable splendeur, le chemin de fer ne roulant que pendant le jour ; ce fut un bonheur pour nous, de nous reposer dans le calme de cette nature silencieuse, et de savourer, dans une belle nuit de septembre, le charme de cette atmosphère si pure, et tout embaumée du parfum des forêts.

Le lendemain, dès le matin, le train se remit en route ; nous côtoyâmes le *Glommen*, l'un des plus grands fleuves de la Norwège, dont les eaux larges et rapides s'écoulent, tantôt au milieu de paisibles et verdoyantes prairies, et tantôt dans de sombres et noirs défilés, dans des gorges étroites et profondes, où elles bouillonnent, et mugissent avec fracas.

Dans le milieu de la journée, nous atteignons le lac *Myosen;* il a 150 kilomètres de longueur, et ses bords, toujours pittoresques, offrent les plus délicieux points de vue. Tout nous annonce que nous sommes dans un climat plus doux et plus méridional ; un luxe de fleurs s'étale, autour de toutes les stations du chemin de fer. A la station de *Réna*, ce sont de ravissantes corbeilles, de gracieuses pyramides, étagées et nuancées avec le goût le plus exquis. Nous y voyons des roses, des chrysanthèmes, des géraniums, des renoncules, des cyclamens, des myosotis, des œillets, des héliotropes... Plus loin, voici des arbres fruitiers, les premiers que nous apercevions depuis bientôt un mois. Voici d'élégantes villas, des parcs, des jardins, préludes habituels d'une grande ville, et, à six heures du soir, nous sommes à Christiania !

La capitale de la Norwège, de cent mille habitants environ, est une de ces villes où l'on serait heureux de passer sa vie, et qui laissent, avec le regret de les quitter, et le désir de les revoir, les plus agréables, les plus riants souvenirs. Ce qui charme en elle, ce n'est ni le nombre, ni la magnificence de ses monuments, ni ses musées, ni ses œuvres d'art, non, mais elle est si merveilleusement encadrée, sa situation est si délicieuse, ses environs ont un tel attrait, ils sont si pittoresques, d'un caractère à la fois si large, si grandiose et si gracieux, qu'il semble qu'on ne puisse rien rêver de plus séduisant. D'un côté, la mer, un golfe immense, un fjord, parsemé d'îles et d'îlots, qui sont autant de bouquets de verdure, autant de coquettes résidences; de l'autre, un horizon immense de collines et de montagnes, couvertes de forêts, dont les teintes sombres et sévères font ressortir davantage la gaieté du golfe et de ses rivages.

A l'ouest de la ville, nous visitons le château de campagne du roi Oscar, *Oscarshal;* c'est un joli castel, un rendez-vous de chasse, dans le style gothique, à fenêtres ogivales, bâti au milieu d'un bois de hautes futaies, et à mi-côte d'une montagne, qui domine tout le paysage. De la plate-forme de ce petit palais, la vue est idéalement belle : la ville tout entière, le golfe, les îles, les montagnes, les forêts d'alentour, tout cela se déploie en même temps, en un seul tableau, éblouissant et féerique. D'une autre colline, que nous gravissons aussi, au sommet de laquelle se trouve le réservoir des eaux qui alimentent la ville, le panorama n'est ni moins varié, ni moins admirable; nous ne pouvions en détacher nos yeux, et nous en gardons un souvenir enchanteur.

Christiania est bien bâtie, ses rues sont propres, bien alignées; le *Grand Hôtel*, qui était le nôtre, est excellent sous tous les rapports; ses fenêtres s'ouvrent sur une terrasse, d'où la vue embrasse toute la longueur de la rue principale, à l'extrémité de laquelle s'élève, sur un monticule, le palais royal, entouré d'allées d'arbres, de frais et magnifiques ombrages. Nous y avons eu, dans la soirée du 14 septembre, un des plus splendides couchers de soleil, que l'on puisse imaginer; le ciel était en feu, c'était un incendie, une fournaise, un météore, dont les rayons illuminaient les airs, se projetaient sur le palais, sur les jardins, et les embrasaient des feux les plus ardents; nous n'oublierons jamais ce grand et fantastique spectacle.

Nous avions commencé cette journée par une visite à l'évêque de Christiania, Mgr Bernard, revenu depuis quelques jours seulement d'une tournée pastorale en haute Norwège et en Laponie. Ce prélat est français, natif des Ardennes, et du diocèse de Reims, jeune encore, quoique sa barbe soit grisonnante; son accueil fut des plus affables; nous fûmes heureux de l'entendre nous parler des bons missionnaires de Throndjem et de Tromsö, et d'apprendre d'intéressants détails, sur son immense diocèse, dont nous venions de visiter la zone la plus septentrionale. Du presbytère, nous descendîmes à l'église, bâtie en briques, et surmontée d'une flèche élancée. Nous y assistâmes à la grand'-messe de l'*Exaltation de la Sainte Croix*, célébrée avec beaucoup de dignité, en présence d'une pieuse et nombreuse assistance.

Dans les rues, nous remarquions que tout travail était suspendu, que la population était en habits de fête, et que des officiers et des soldats, se rendaient aux églises, en grand uniforme, et un livre de prières à la main.

Ce respect, ce culte du dimanche, dont nous constations la publique et solennelle manifestation, éveillait en nous de pénibles et patriotiques pensées : nous nous souvenions qu'en France les choses sont bien différentes, que la religion est honnie et persécutée, et que tous les pouvoirs, à tous les degrés de la hiérarchie, et chacun dans la sphère de son action, se donnent la triste et odieuse mission d'étouffer, jusque dans l'âme des enfants, toute vélléité, tout instinct religieux.

Certes, nous ne pensons pas que la France de M. Grévy puisse se flatter de faire meilleure figure dans le monde que la France de Charlemagne, de Philippe-Auguste, de saint Louis, de Louis XIV, de Napoléon ; nous ne pensons même pas qu'elle oserait dire ce que disait Louis XVIII, « *qu'il ne se tire pas un coup de canon en Europe, sans sa permission* ».

Eh ! bien, l'histoire ne nous apprend pas qu'à toutes

ces époques où notre patrie était si belle et si honorée, où elle rayonnait d'un si magnifique éclat, où elle était sans conteste la première de toutes les puissances, l'histoire ne nous apprend pas que les gouvernements d'alors se soient ingéniés à en faire une nation apostate, toute matérielle, sans croyance et sans religion. L'histoire de tous les temps et de tous les pays, au contraire, proclame que la religion et la civilisation vont de pair, qu'elles sont inséparables, solidaires, et qu'un peuple sans religion est un peuple sauvage, ou en décadence.

Or l'état social et moral de la France, depuis quelques années, n'indique-t-il pas, en elle, un degré d'abaissement, proportionnel à la diminution des croyances et des pratiques religieuses? Les hommes de foi et de génie, qui s'appelaient Suger, abbé de Saint-Denis, saint Bernard, abbé de Clairvaux, les connétables Mathieu et Anne de Montmorency, le cardinal de Richelieu, Bossuet, Corneille, Racine, Pascal, Chateaubriand, et ceux qui ont bâti la Sainte-Chapelle, Notre-Dame de Paris, les cathédrales de Troyes, de Reims, de Rouen, de Chartres, d'Amiens, de Bourges, et tant d'autres splendides églises, l'admiration de tous les étrangers et de tous les peuples civilisés, ces hommes-là n'ont-ils pas fait plus, pour la gloire et pour l'honneur de la France, n'ont-ils pas jeté sur elle un plus grand lustre, n'ont-ils pas mieux mérité de la patrie, que les sceptiques, les renégats et les athées, qui ont abattu la croix des cimetières, fermé les couvents, ces incomparables écoles de science, d'éducation et de vertu, désorganisé les plus vénérables institutions, et chassé de nos hôpitaux les religieuses et les aumôniers, privant ainsi, du même coup, nos pauvres malades, non pas seulement des soins les plus délicats et les plus dévoués, mais encore des suprêmes consolations, qui les aidaient à supporter leurs souffrances et à bien mourir?

Mais éloignons ces pensées désolantes pour quiconque aime, d'un amour sincère, sa religion et son pays, et soyons tout entiers à cette gracieuse ville de Christiania, et au bonheur d'y avoir reçu, deux jours de suite, des journaux de France, et surtout des lettres de notre bon frère Paul, et de vieux et fidèles amis, dont l'inaltérable affection nous a suivis, d'étape en étape, dans tout notre voyage. Si charmante que soit cette ville, il faut cependant la quitter.

Le lundi, 15 septembre, à sept heures du matin, nous montons en chemin de fer; le temps est admirable. Nous longeons, pendant plus d'une heure, le fjord, dont les eaux sont d'un bleu d'azur; nous passons en vue de ces petites îles, de ces corbeilles de fleurs et de verdure, que, la veille, nous avions aperçues des hauteurs d'*Oscarshal;* puis nous retrouvons le fleuve *Glommen*, nous côtoyons ses rives, jusqu'au moment où, d'un cours plus rapide, il s'élance d'un seul bond, et tombe en cascade dans un précipice, au-dessus duquel nous passons. Nous revoyons des lacs et des forêts, nous traversons un paysage dont le caractère change à chaque instant. A trois heures après midi, nous atteignons la frontière de la Norwège ; nous quittons ce pays extraordinaire, cette Suisse du Nord, cette Suisse de la mer, que nous aurions voulu explorer plus complètement, et nous rentrons en Suède. A six heures du soir, le train nous dépose à la station de *Throllœtta*, d'où, en une demi heure, un omnibus nous mène au village de ce nom. Avant d'y arriver, nous entendons, dans le lointain, une sorte de mugissement, un bruit sourd et retentissant, semblable au roulement, au grondement du tonnerre ; ce sont les fameuses cataractes, un guide nous y conduit.

J'ai vu les cascades des Pyrénées, celles de *Cérisey*, et du *pont d'Espagne*, au-dessus de Cauterets. J'ai vu les cascades de Suisse, le *Staubach*, le *Giesbach*, le *Reichenbach*, les chutes de l'*Aar*, *à la Handeck*, dont j'ai tâché de donner une idée, dans le premier volume des *Vacances d'un médecin*. J'ai vu la chute du Rhin, à *Schaffouse*, décrite d'une manière saisissante par le chevalier des Brosses, et plus tard par Alexandre Dumas père. Avec celle qui était alors la sainte et bien-aimée compagne de ma vie, et dont l'âme, à la fois tendre, ferme et courageuse, ne connaissait pas le sentiment qu'on appelle la peur, avec ma chère Elisa, nous avons, dans une petite barque, remonté hardiment le courant impétueux du fleuve ; nous avons lutté contre ses vagues furieuses, et, à force de rames, secoués, ballottés et inondés d'écume, nous sommes arrivés au pied même de la chute, à la base d'un petit rocher en aiguille, qui s'élève du milieu du fleuve. Nous avons gravi, escaladé ce petit rocher ; nous étions alors au centre même de la chute, nous en étions, en quelque sorte, enveloppés, stupéfaits de sa largeur, et du bruit assourdissant de l'énorme volume d'eau qui tombait, tout autour de nous. Ce n'est qu'ainsi, et que là, que l'on peut apprécier la chute du Rhin ; ceux qui n'ont pas atteint et gravi, comme nous, le petit rocher, ne la connaissent pas.

Sans doute, toutes ces grandes scènes de la nature sont magnifiques à divers degrés; mais aucune, pas même la chute du Rhin, n'approche de *Throllœtta*, ne lui est comparable, et ne peut même en donner la moindre idée. A *Schaffouse*, comme à *Throllœtta*, ce sont deux fleuves; mais à Schaffouse, le *Rhin* s'écoule d'un cours paisible, dans un pays à peu près plat et découvert, tandis qu'à Throllœtta, le *Gota-Elf* précipite ses flots tumultueux, dans une nature alpestre et sauvage, resserré au milieu de rochers gigantesques, contre lesquels il se brise, et dont les parois taillées à pic sont couronnées de sapins. A Schaffouse, le Rhin ne fait qu'une seule chute verticale, qu'aucun obstacle ne contrarie, et au delà de laquelle il reprend son cours habituel ; à Throllœtta, au contraire, le *Gota-Elf*, dans un espace de 3,600 pieds, fait quatre chutes, quatre cataractes, dont aucune description ne saurait rendre l'effrayante et grandiose majesté. Le fleuve d'abord s'engouffre tout entier, entre les rochers, avec une impétuosité et un fracas inimaginables; au bas de cette première cataracte, ses vagues furieuses et bondissantes rencontrent un îlot de rochers; elles s'y partagent en deux bras, qui, chacun de leur côté, forment deux nouvelles cascades, séparées par l'épaisseur de l'îlot. Les deux courants, un instant isolés, convergent l'un vers l'autre, se rencontrent, se réunissent, et ne font plus qu'une seule nappe écumeuse et mugissante. Mais à peine le fleuve est-il reconstitué dans toute sa largeur, qu'il se précipite encore, et forme une quatrième cataracte, où les flots, tout blancs d'écume, tombent, se brisent, rejaillissent avec la même violence et le même bruit qu'aux chutes supérieures.

Une étroite passerelle amène dans l'îlot; une autre passerelle est lancée avec une incroyable témérité, d'une rive à l'autre, à la hauteur de la première chute; il faut se sentir une certaine hardiesse, et ne pas craindre le vertige, pour oser s'y aventurer. Nous y sommes montés, ma chère Pauline et moi; nous l'avons traversée, et là, de ce point culminant, où nous étions suspendus, sur une simple planche de sapin, au-dessus du plus effroyable de tous les abîmes, nous avons contemplé, avec un saisissement et une admiration que nous ne pourrons jamais exprimer, l'indescriptible ensemble de cet effrayant et merveilleux tableau; rien en Europe ne peut lui être comparé, nous disait un Anglais, dont l'enthousiasme égalait le nôtre.

A côté des merveilles de la nature, nous trouvons les merveilles de l'art. Le canal de Gothie, qui part de la mer du Nord, du Cattégat, en passant par Gothembourg, traverse toute la Suède, arrive et se termine à Stockolm et à la mer Baltique, se confond, à son origine, avec le *Gota-Elf*, dont il emprunte le lit, jusqu'à Throllœtta, où les cataractes l'arrêtent. Alors, pour franchir la distance et la différence de niveau, qui séparent la chute inférieure de la chute supérieure, et pour élever les bateaux à la hauteur de la chute supérieure, de manière à ce qu'ils puissent reprendre le lit du fleuve au-dessus, et en amont de cette chute, il a fallu pratiquer, dans le roc, seize écluses, placées les unes au-dessus des autres, comme les seize degrés d'un gigantesque escalier; les paquebots à vapeur et les plus gros navires voiliers, suivant qu'ils descendent ou remontent le courant du fleuve, montent, ou descendent, dans l'espace de deux heures, cet escalier fantastique et cyclopéen; c'est ainsi que, par le canal de Gothie, qui leur est parallèle, ils escaladent les cataractes de Throllœtta.

Dans le silence de la nuit, l'air était tout rempli du bruit des cataractes; il nous arrivait jusqu'à notre hôtel; nos oreilles en étaient charmées; nous l'écoutions avec une sorte de pieux recueillement, en nous rappelant ce verset du psaume qui signale *la voix des grandes eaux*, « *in voce cataractarum tuarum* » comme une des plus imposantes manifestations de la puissance de Dieu.

Y a-t-il donc un plaisir plus sérieux et plus digne de l'esprit et du cœur, que le plaisir des voyages? Plus que tous les autres, il satisfait le besoin, inné en nous, de voir, d'apprendre et de connaître; il nous initie à tout ce qu'il y a de beau, de grand, d'admirable dans les œuvres de Dieu, et dans les œuvres de l'homme, et par cette contemplation même il nous élève au-dessus de toutes les petitesses de la vie mondaine. Les souvenirs de Throllœtta ne valent-ils pas les souvenirs d'un bal, le plus futile, le plus creux et le plus dispendieux de tous les plaisirs? Cher confrère, avec le luxe actuel, pour mener votre femme dans quelques-unes des soirées d'une saison d'hiver, vous dépenserez beaucoup plus d'argent que pour un voyage en Suède; et que vous en restera-t-il? — Du malaise, de la fatigue, de l'anémie! Croyez-nous donc, suivez notre conseil et notre exemple, conservez votre santé, faites des économies, n'allez plus au bal, allez plutôt à Throllœtta!

Le lendemain matin, après une seconde visite aux cascades, nous partons, en chemin de fer, pour Gothembourg, et vers deux heures après midi, nous descendons à l'hôtel *Gota-Kallare*. Gothembourg est la deuxième ville de Suède. Située à deux lieues de la mer, sur la rive droite du fleuve Gota-Elf, elle a été fondée, en 1618, par Gustave-Adolphe, dont la statue en bronze décore la place principale; sa population est de 70,000 habitants; elle est riche et commerçante; son port, vaste et très fréquenté, est formé par le fleuve Gota-Elf; en outre, plusieurs canaux, dérivés d'un lac voisin, toujours encombrés de navires, et bordés de larges quais, la coupent en divers sens.

L'aspect de Gothembourg est superbe; ses rues sont droites, bien bâties, et offrent de longues et larges perspectives; la plus belle de toutes est l'*avenue du Roi;* toutes ses maisons sont autant de palais, d'une magnificence, d'un luxe inouïs : ce sont de véritables demeures princières, ayant chacune sa physionomie distincte, son caractère particulier, son ornementation spéciale, et son parterre de fleurs et d'arbustes devant son péristyle. Aucune rue de Paris, aux points de vue architectural et artistique, n'est comparable à l'*avenue du Roi*, de Gothembourg.

Notre voiture nous conduit, dans les alentours de la ville, au cimetière, riant et gracieux séjour, où la mort se dissimule, se cache et disparaît sous les plus frais ombrages, sous les couleurs les plus attrayantes, sous les aspects les plus fleuris. Nous parcourons les promenades publiques, accidentées et pittoresques ; le port, où sont amarrés des navires de tous les pays du monde, et, par de belles allées d'arbres, dont les ombrages encadrent d'élégantes villas, nous arrivons à l'habitation, nous pourrions dire au palais de l'opulente famille Dickson. Là nous mettons pied à terre, et nous visitons, dans tous ses ravissants détails, le plus délicieux parc que l'on puisse rêver, Quelle joie ! Quel bonheur de recevoir nos amis, dans ce palais enchanté, dans ces jardins d'Armide, et de leur dire : « Tout ceci est à vous, puisque c'est à nous ! » — Mais « *Bien d'autrui ne désireras* » *!*

Le lendemain de cette belle journée, dès six heures du matin, nous nous embarquions pour Copenhague; c'était un voyage de douze heures. Pendant les deux premières heures, le paquebot descendit, jusqu'à son embouchure dans la mer, le *Gota-Elf*, le fleuve des cataractes de Throllœtta. Nous avions ensuite à traverser le Cattégat, cette partie de la mer du Nord, qui sépare la Suède du Danemark, et précède le détroit du

Sund. Le temps était splendide, aucun nuage ne passait dans l'azur du firmament, aucun souffle n'agitait la mer, elle était calme et bleue comme le ciel; rien ne troublait la diaphane sérénité de l'air; nos yeux s'égaraient, se perdaient dans l'immensité, toute parsemée de navires; les uns, dans le vague du lointain, ressemblaient à des points noirs, immobiles à l'horizon; les autres, plus rapprochés, nous laissaient voir leur provenance, leur destination, leurs passagers; ceux-ci voguaient lentement, toutes voiles déployées; ceux-là, plus rapides dans leurs allures, se reconnaissaient, de loin, à la longue traînée de fumée qui serpentait derrière eux, avant de se dissiper dans l'espace. C'était un magnifique spectacle : autour de nous, tout était entrain et gaieté; de jolis enfants danois, à la blonde chevelure bouclée, jouaient, couraient, gambadaient sur le pont.

Tout à coup notre lumineuse et chaude atmosphère s'obscurcit et se glace; une vapeur ténébreuse et morfondante nous enveloppe; c'est comme un rideau qui se serait brusquement abaissé, pour nous dérober l'admirable scène qui, l'instant d'auparavant, charmait nos regards. Nous restons plongés dans un de ces brouillards opaques, fréquents dans les parages du Nord, et parfois si noirs et si épais, que les paquebots sont forcés de s'arrêter; le nôtre se contente de ralentir sa marche, et de nous déchirer les oreilles par ses sifflements les plus aigus et les plus stridents, afin d'avertir de sa présence, et d'éviter ainsi quelque désastreux abordage. Au bout d'une heure, le brouillard devient moins dense ; les nuages, au milieu desquels nous étions plongés, et qui nous aveuglaient, s'écartent, se séparent; quelques rayons de soleil passent à travers leurs éclaircies ; nous les voyons se disjoindre, s'éloigner et disparaître, absorbés, vaporisés, et, suivant une expression pittoresque usitée en Suisse, *mangés par le soleil*. Nous renaissons à la lumière, comme si nous passions de la nuit au jour; le temps a repris toute sa pureté. Bientôt nous apercevons les côtes du Danemarck, et nous entrons dans le Sund; voici, à droite, sur son promontoire abrupt et solitaire, le château d'Elseneur, avec sa flèche élancée, ses tourelles, sa fameuse plate-forme, ses larges et imposantes façades.

Adieu donc à la Suède et à la Norwège ! adieu à ces pays encore primitifs, où la nature est si belle, si variée, si grandiose ! adieu à ces verdoyantes vallées, à ces montagnes, à ces forêts immenses, à ces lacs, et à leurs poétiques légendes ! adieu à ces régions lointaines du Nord, à ces plages déshéritées et infécondes, où nous avons trouvé, parmi les sauvages, des esprits si charmants, des cœurs si hospitaliers et si généreux ! Adieu à ces gigantesques cascades, à ces glaciers, à ces fjords fantastiques, qui nous ont donné de si vives émotions, et que, sans doute, nous ne reverrons plus !...

Il est six heures du soir, nous sommes à Copenhague, et à l'*hôtel d'Angleterre*, où, cette fois, il y a place pour nous.

Copenhague est une ville de 200,000 âmes, située

entre la mer du Nord et la mer Baltique, dans le détroit du Sund, trait d'union entre ces deux mers. Son port est très fréquenté ; les navires y affluent de tous les pays de l'univers; sans doute elle se recommande par son importance commerciale, mais plus encore par ses monuments, et par les trésors artistiques qu'elle renferme. L'illustre sculpteur danois, *Thorwaldsem*, né en 1770 et mort en 1844, y a laissé d'innombrables chefs-d'œuvre, enfantés par la prodigieuse fécondité de son génie. Quinze de ses statues, que l'on ne saurait trop admirer, ornent l'intérieur de l'église métropolitaine. Au fond, dans l'abside, la statue du *Sauveur* domine toutes les autres; à l'entrée et au milieu du chœur, *un ange assis* tient un bénitier sur ses genoux ; merveilleuse conception, figure idéalement belle, et bien la figure d'un ange, suave et incomparable rayonnement de la sérénité angélique, du bonheur et des joies du ciel; nous ne pouvions nous arracher à la contemplation de cette œuvre ravissante. Les douze apôtres sont rangés des deux côtés dans toute la longueur, et jusqu'au bas de l'église, où l'on trouve encore *la prédication de saint Jean-Baptiste*, et *l'entrée de J.-C. à Jérusalem.*

Ce n'est pas seulement dans cette église que la gloire de Thorwaldsen brille de son radieux éclat. Copenhague possède un musée de son nom, et consacré à ses œuvres : les murs, extérieurement, sont couverts de peintures, représentant ses principaux ouvrages, que le peuple, dans son enthousiasme, traîne à force de bras, et amène triomphalement au musée, où sont réunis de 6 à 700 monuments, statues, bas-reliefs, tous du maître. Parmi tant de sujets divers, et tant de chefs-d'œuvre, citons : *l'Aurore ; l'Ange de la nuit ; l'Innocence vaincue par l'Amour ; l'Amour aux différents âges de la vie,* délicieuses pages de marbre, créations exquises de grâce et de poésie, d'une fraîcheur d'idée, et d'un charme inexprimables. Citons encore un magnifique buste de Napoléon, et le modèle en plâtre, et dans les mêmes proportions que l'original, du tombeau du pape Pie VII, que nous avons admiré à Saint-Pierre de Rome. La bibliothèque, le lit, les meubles du grand artiste, sont religieusement conservés dans une série d'appartements, et son tombeau se trouve au milieu de la cour principale du musée.

Tout près de ce musée, il y en a deux autres que nous avons visités aussi, avec le plus grand intérêt : le *musée ethnographique*, l'un des plus complets qui existent au monde ; on y voit collectionnés, par milliers, tous les objets propres à faire connaître les peuples relégués aux confins de l'univers, et le *musée des antiquités du Nord*, qui retrace, sous les formes les plus diverses, l'histoire des peuples scandinaves, depuis l'antiquité la plus reculée jusqu'à nos jours. On a placé, dans les vitrines de ce musée, tous les ornements du culte catholique, autrefois en usage, et devenus inutiles, depuis qu'au seizième siècle le Danemark s'est fait luthérien.

En face de ces deux musées, se trouve, ou plutôt *se trouvait*, puisqu'un incendie l'a détruit, peu de jours après notre passage à Copenhague, le palais de *Christianborg*, vaste édifice imposant par ses larges et monumentales proportions; nous y avons vu de nombreuses et magnifiques œuvres de Thorwaldsen, et, en particulier, la célèbre frise représentant l'entrée d'Alexandre à Babylone; ce palais renferme, d'un côté, les grands appartements royaux, et de l'autre, le musée national de peinture.

A l'autre extrémité de la ville, dans le délicieux jardin de *Krongens-Have*, au milieu des plus vertes pelouses, et tout entouré de massifs de fleurs, se cache coquettement, à l'ombre d'arbres séculaires, le gracieux petit palais de *Rosenborg* (palais des Roses), construit en 1604, par un architecte anglais, dans le style du seizième siècle; il est élégamment orné de tours et de tourelles; son aspect est riant et pittoresque; à l'intérieur, il est tout rempli de meubles précieux, d'objets d'art, de tapisseries, de bijoux, de pierres fines, de médailles, de collections artistiques de toutes sortes, qui retracent, à ses différentes époques, toute l'histoire du Danemark. On n'y pénètre que sous la conduite et la surveillance d'un gardien. A peine étions-nous entrés dans la première salle, que j'avise un monsieur, de mine et de manières distinguées; mes yeux ayant rencontré les siens, je le saluai. A ce salut, il s'approche de nous, et nous adresse la parole, en danois d'abord, puis en anglais, puis en allemand, et enfin en français; nous pûmes alors nous entendre. C'était le conservateur du musée, et il nous offrait de nous en faire, lui-même, les honneurs; nous avions là une véritable bonne chance : sous sa conduite, nous visitâmes les chambres, les salons, les galeries, les coins et recoins de ce charmant palais, de ce musée si varié, où parmi tant d'autres richesses, on trouve, dans la *salle des Chevaliers*, un trône d'argent massif. M. *Emil Vatther* nous fit voir ce que l'on ne voit pas habituellement ; il nous ouvrait des armoires, des vitrines qui ne sont jamais ouvertes au public ; il nous donnait les explications les plus précises et les plus intéressantes : nous étions ravis ; en le quittant, nous échangeâmes nos cartes, et nous eûmes, de lui, l'affectueuse promesse de sa visite à Paris.

L'église de la Trinité est remarquable par la grosse tour ronde qui surmonte son portail principal. Nous constations, il y a quelques années, à Venise, que l'on pourrait facilement monter, à cheval, au campanile de Saint-Marc, eh bien ! il serait tout aussi facile de monter, en voiture, à la tour de cette église, tant est douce la pente ascensionnelle en spirale, dont la largeur, nous l'avons mesurée, est de 7 de nos pas ; c'est plus qu'il n'en faut pour une voiture. La famille royale a seule le droit d'user de ce mode d'ascension ; mais, par une exception toute spéciale, nous a-t-on dit, Sarah Bernhardt a obtenu, pour elle, le même privilège.

Une autre église, que nous avons seulement aperçue, l'église du *Sauveur*, se distingue par une flèche de 94 mètres de hauteur. Ici l'escalier est en dehors ; il s'enroule extérieurement autour de la flèche, et arrive ainsi hardiment jusqu'à son sommet.

Copenhague a une chapelle catholique et une église

russe, que nous avons reconnue à ses trois coupoles bulbeuses et dorées; elle a de belles places, dont l'une, la *place Frédéric*, devant notre hôtel, est ornée de la statue équestre du roi Frédéric V; elle a de vastes bassins d'eau limpide, au milieu de beaux boulevards; elle a de belles et larges rues, bordées de palais et de constructions monumentales, en un mot elle a un grand air de capitale, et toutes les allures d'une belle et grande ville.

A 7 heures du soir, nous quittons notre excellent *hôtel d'Angleterre*, que nous recommandons à nos amis, et nous partons pour *Kiel*. Si nous nous embarquions à Copenhague, la traversée serait de seize heures: pour l'abréger, nous montons en chemin de fer; en 3 heures, à travers l'île de Seeland, nous gagnons le port de Korsör, sur le grand Belt, où nous avions débarqué, à notre arrivée; c'est là que nous prenons le bateau, qui doit, en 7 heures, nous conduire à Kiel. A 10 heures du soir, par une nuit profonde, nous voguons sur la Baltique, au gré de ses vagues, mollement bercés par le roulis et le tangage.

LUBECK — HAMBOURG — AMSTERDAM — ANVERS

LUBECK — HAMBOURG — AMSTERDAM ANVERS

Singulière coïncidence, et bizarre évolution des choses humaines!... Le 19 septembre 1881, nous étions à Naples; c'était la fête de saint Janvier; par un soleil torride, sous un ciel de feu, nous gravissions les hauteurs de Pouzzoles, qui dominent le golfe de Baïa, et nous montions à la cathédrale, pour y être témoins du miracle. Une foule bruyante et tapageuse parée de tous ses atours, et toute enrubannée des couleurs les plus vives, affluait de tous les côtés; de fougueux et luxueux attelages, lancés à toute bride, faisaient voler la poussière, passaient comme des ouragans, et arrivaient au triple galop. Napolitains et Napolitaines, dans l'ivresse du plaisir et des ardeurs méridionales, se livraient aux plus joyeux ébats; ils chantaient, buvaient et dansaient; c'était une scène digne du fameux tableau de Couture, une bacchanale, une orgie, plutôt qu'une fête religieuse.

Trois ans plus tard, à pareil jour, le 19 septembre 1884, vers cinq heures du matin, par un temps sombre, et la demi-obscurité d'une nuit, qui n'était point encore dissipée, nous débarquions à Kiel, ville allemande de 18 à 20,000 âmes, port militaire et marchand, sur la Baltique. Le cœur affadi par le paquebot qui nous avait amenés de Danemark, nous vaguions, pendant trois heures, dans des rues solitaires et des promenades désertes, tout le long de maisons fermées, bâties en briques, couvertes de tuiles rouges, et dont les habitants étaient encore endormis! Enfin à 8 heures nous pouvions partir!

Chers lecteurs, nous étions, je viens de vous le dire, au matin du 19 septembre; c'était un vendredi; je tenais à reprendre mes occupations, le lundi suivant, 22, au matin : nous n'avions donc plus que trois jours, or voici comment nous avons employé ces trois derniers jours : Dès huit heures, nous courons à toute vapeur vers Lubeck ; le chemin de fer suit les bords de la Baltique; à l'une des stations, la musique d'un régiment allemand nous fait entendre des airs de la *Dame Blanche*, fraîches et délicieuses mélodies, plus ravissantes encore sur ces rives étrangères : c'est la France qui se réveille dans son ancienne et radieuse beauté! les chants de victoire qui saluent *la bannière des Chevaliers d'Avenel* nous semblent saluer sa gloire revenue, et quand, avec la foule, nous battons des mains, et que nous crions *hourrah!* c'est à son triomphe prochain et tant désiré, plus encore qu'au génie de notre Boïeldieu, que s'adressent, par avance, nos chaleureux et patriotiques applaudissements.

A dix heures, le train nous dépose à Lubeck, ville hanséatique sur la Trave, et de 35,000 habitants. Ici nous sommes dans un monde nouveau, en plein moyen âge; les douzième, treizième, quatorzième, quinzième siècles nous apparaissent dans toute leur splendeur, avec leur saisissante originalité, avec toutes les hardiesses et toutes les délicatesses de leurs merveilleux édifices. Une véritable forêt de tours, de pyramides aiguës, de clochers aériens se dresse devant nous ; c'est tout un panomara de croix, de feuilles d'acanthe, d'aiguilles, de flèches lancées à 3 et 400 pieds dans les airs.

Il y a des villes qui, malheureusement, n'ont su apprécier ni le pittoresque, ni le charme de tout ce qui leur venait des temps anciens : c'était leur plus belle parure, le plus beau fleuron de leur couronne, elles ne l'ont pas compris, et, d'elles-mêmes, dans l'aberration de leur esprit, dans le terre-à-terre de leurs étroites visées, elles se sont dépouillées de ce qui faisait leur gloire la plus pure, et leur principal attrait.

Troyes possédait le vieux palais des comtes de Champagne; elle l'a démoli, pour creuser, à sa place, une affreuse grenouillère! Elle avait une enceinte élevée, des remparts, que bordaient des murs crénelés et des tours, percées de meurtrières et de machicoulis, j'en ai gardé un vieux et vénérable souvenir; elle a tout rasé, tout nivelé ! Elle avait la porte Saint-Jacques, encore debout dans mon enfance, avec ses ouvertures cintrées, ses ogives, son toit pointu en poivrière; elle l'a abattue, il n'en reste plus trace! sa belle église de Sainte-Madeleine, il y a quelques années encore, était surmontée d'une flèche svelte et gracieuse, qui se dressait fièrement, au milieu du transept ; le conseil municipal actuel a mieux aimé la supprimer, et la laisser disparaître, que de voter les quelques fonds nécessaires à sa conservation ! L'année dernière, le même conseil municipal abandonnait, de gaîté de cœur, à une ruine prochaine, le dernier et le plus beau clocher de la ville, le seul survivant d'une ancienne et glorieuse pleïade, le clocher de Saint-Remy ; il a fallu, par souscriptions particulières, pourvoir à sa restauration !

Plus intelligentes, plus éclairées, et plus à la hauteur de leur mission, les édilités de Lubeck, à toutes les époques, ont su conserver à la ville qu'elles administraient, son cachet original et son caractère archéologique. Guidées par un patriotisme bien compris, et par le sentiment du beau, elles ont pris à tâche de se transmettre, d'âge en âge, les unes aux autres, leur cité, dans sa complète et primitive intégrité ; aussi Lubeck est une des villes les plus intéressantes que l'on puisse voir, une de celles qui attirent le plus grand nombre d'étrangers.

La porte, du côté du chemin de fer, appelle tout d'abord l'attention, par ses vastes proportions, par les deux grosses tours pyramidales dont elle est flanquée, par les trois flèches qui surmontent son fronton, et par ses trois étages de fenêtres ogivales ; on y lit cette inscription : *Concordia domi, foris pax* (nous avons la concorde chez nous, et la paix au dehors).

La place du Marché est ornée d'une fontaine, telle que nos pères les savaient sculpter ; tout à l'entour, on ne voit qu'églises à clochers gigantesques, qu'édifices à rosaces, à flèches et à clochetons, que maisons à arcades, à pignons pointus, à fenêtres ogivales, et que girouettes tournant au vent. Cette place est un rêve; c'est une apparition complète, inattendue et merveilleuse du moyen-âge, avec toutes ses richesses, toutes ses fougues architecturales, avec ses dragons, ses chimères, ses animaux fantastiques, et tous ces mille et capricieux détails, par lesquels on savait, à cette époque, animer, embellir, et faire vivre les monuments.

La cathédrale (*Dom-kirche*) est un vaste édifice des douzième et treizième siècles; on y trouve, suspendue à la voûte, une croix immense et artistement travaillée, qui plane au-dessus du chœur, de nombreux tombeaux en bronze, une chaire sculptée, un tryptique attribué à Memling.

La plus belle église, autrefois l'église de Sainte-Marie, a conservé le nom de *Marien Kirche*, elle a deux clochers de 140 mètres de hauteur; cette église, de premier ordre, est admirable; elle est du quatorzième siècle, plus grande, plus majestueuse que Saint-Eustache, de Paris, et d'un aspect plus splendide. Tous ses anciens ornements de l'époque catholique lui ont été conservés, son maître-autel en marbre, son magnifique jubé, ses statues, ses quatre jeux d'orgue, ses vitraux, ses sculptures et ses peintures. Parmi celles-ci, on nous a montré, dans une chapelle, la fameuse *Danse macabre*, ou *Danse des morts* de Holbein, ou d'Overbeck: nous en avions vu autrefois un exemplaire à la cathédrale de Bâle.

Rien de plus saisissant que cette suite de tableaux,

composés de groupes isolés et distincts : il y a le groupe des Papes, des Rois, et des Évêques, des riches, des pauvres, des vieillards, des jeunes gens, des amoureux. A chacun de ces groupes, se présente la Mort, sous la forme d'un squelette, drapé dans un manteau. Avec une physionomie, qu'elle tâche de rendre aimable, attrayante et gracieuse; avec des gestes polis, engageants et toujours variés, la Mort s'efforce d'entraîner à sa suite, et d'emmener avec elle, les personnages de chaque groupe; mais aucun ne se laisse tenter, ni séduire, aucun n'accepte l'invitation; tous s'excusent, résistent, regimbent, chacun à sa manière, et de son mieux, avec des attitudes significatives, et des airs, les uns grincheux, renfrognés, grimaçants; les autres patelins, suppliants, terrifiés. Ces tableaux, d'une exécution magistrale, et parfaitement conservés, sont des chefs-d'œuvre d'expression, d'art, de coloris, de dessin, d'imagination et de vérité.

L'hôtel de ville, en allemand *Rathhaus*, est du seizième siècle; sa façade en briques vernissées, rouges et noires, est ravissante d'élégance et d'originalité; une multitude de tourelles, de toutes les formes et de toutes les hauteurs, surmonte ses trois étages de fenêtres ogivales, et à rosaces; c'est là que se tenaient les séances de la ligue hanséatique.

Plus loin, notre voiture nous arrête devant un autre édifice des quatorzième et quinzième siècles; cinq flèches s'élèvent hardiment au-dessus de sa façade triangulaire, et à fenêtres ogivales; nous nous croyons devant une église, pas du tout, c'est un hôpital de

124 vieillards, que je visite dans ses curieux détails.

A l'extrémité d'une rue, dont les maisons à arcades, et à pignons pointus, sont toutes, aujourd'hui, ce qu'elles étaient il y a quatre ou cinq cents ans, nous apercevons une porte monumentale, en forme de grosse tour carrée, avec cinq étages de fenêtres en ogives, du treizième siècle; nous passons, et nous voilà roulant sous les arbres séculaires d'une pittoresque promenade aux bords de la Trave. Hélas ! nous gagnons la gare du chemin de fer !... C'est avec un vif regret que nous quittons cette ville de Lubeck, où nous avons pu nous croire encore dans ces siècles d'autrefois, si féconds en belles et grandes choses, où, dans une atmosphère si différente de la nôtre, tout nous parlait un langage sérieux et recueilli, que ne comprend plus notre époque, mécréante et matérialisée, courant, sans cesse, après les jouissances et les plaisirs. Il était 3 heures et demie; nous partons pour Hambourg... vous, mes amis, allez à Lubeck !...

A 5 heures et demie, nous entrions à Hambourg, grande ville de 180 à 200,000 âmes, la plus importante des trois villes hanséatiques; nous la connaissions déjà. Ici nous sommes dans le bruit, dans le mouvement, dans l'agitation du commerce et des affaires. Nous parcourons, en voiture, de longues et larges rues, bordées de maisons luxueuses et de riches magasins, où toutes les convoitises trouvent leur tentation; nous suivons la ligne interminable des quais, sur le port de l'Elbe; à perte de vue, s'étend devant nous, comme une forêt vierge, un inextricable fouillis de mâts, de vergues, de cordages; nous faisons le tour des magnifiques bassins de l'Alster, véritable lac intérieur, au milieu du quartier le plus élégant de la ville; de belles allées d'arbres se développent sur ses rives, et, à travers l'obscurité de la soirée, nous distinguons, à leur blancheur, les cygnes, qui se pavanent à sa surface. Au retour de cette promenade, nous descendons à l'*hôtel d'Angleterre*, pour y dîner. Le train de Hollande part le soir même, à 11 heures, pour Amsterdam... nous partons. Que dis-tu de notre journée, mon cher Paul ? — Kiel, Lubeck, Hambourg !

Le samedi, 20 septembre, à 11 heures du matin, nous arrivons à Amsterdam ; on nous mène à un hôtel nouvellement construit, hôtel monumental, palais princier, *Amstel-hôtel ;* nous y déjeunons. Mes amis, n'y allez jamais, vous y seriez, comme nous, écorchés tout vifs. Avec un bon guide, nous nous lançons en voiture, dans cette grande ville de 280,000 habitants. On l'appelle quelquefois la *Venise du Nord ;* mais elle n'a rien de Venise, rien qui ressemble à Saint-Marc, au palais des Doges, à la Piazzetta, à tous ces vieux et historiques palais, qui bordent le grand canal, rien en un mot de *Venezia la bella*, si pleine de souvenirs et de poésie, avec ses gondoles, ses églises de marbre, son quai des Esclavons, son Lido, ses vues sur l'Adriatique. Amsterdam est tout autre : c'est la grande ville de commerce ; c'est la ville du Nord, opulente, mais froide, avec ses quais alignés, ses maisons monumentales, lavées, nettoyées et brossées, ses dalles cirées et frottées, ses cuivres astiqués et brillants, mais tout cela d'aspect sévère, monotone et guindé.

Quatre-vingts canaux, que l'on traverse sur trois cent quatre-vingts ponts, sillonnent la ville en tous sens ; les quais sont laiges et praticables aux voitures. Trois quartiers bien différents se distinguent par les caractères les plus tranchés, nous les avons parcourus tous les trois : 1° le *quartier des millionnaires*, habité par le grand commerce, les armateurs, les tailleurs et les marchands de diamants, industrie spéciale à la ville d'Amsterdam, c'est le plus beau, le plus riche; il y a là des fortunes immenses, colossales, de splendides et pittoresques maisons ; 2° le *quartier des ouvriers :* c'est le plus pauvre ; on y trouve des maisons anciennes, à pignons pointus. Si la misère existe dans ce quartier, du moins, elle ne s'y étale pas, comme dans certaines villes, sous les plus hideuses apparences, elle a le soin et la pudeur de se dissimuler, de manière à ne jamais attrister les regards ; 3° le *quartier des Juifs*, qui en abrite quarante mille ; nous les avons vus en toilette de gala ; ils célébraient leur *premier jour de l'an*, et se rendaient, en foule, à leurs synagogues; nous avons visité la plus remarquable : leur extérieur n'avait rien de désagréable, ni de repoussant, comme à Cracovie, il est vrai qu'ils étaient costumés et parés, comme pour un jour de fête.

Le port, sur le Zuidersée, golfe de la mer du Nord, est un des plus importants de l'Europe, nous y avons vu un admirable paquebot, en partance pour Java.

Le palais du roi est un vaste édifice que nous avons

exploré dans toutes ses parties; nous y avons remarqué, surtout, une galerie des fêtes, vraiment royale, tant par la richesse de ses décorations, que par son élévation, et l'ampleur de ses vastes proportions. La façade principale de ce palais n'a que des fenêtres ; on n'y voit pas de porte ; aussi on l'appelle la *Maison sans porte*, par opposition à la Bourse, située sur la même place, et qu'on appelle la *Porte sans maison*, parce que sa porte d'entrée est démesurément haute, et qu'on n'y voit aucune fenêtre. Le parc, ou jardin public, est très étendu, dessiné avec art, entretenu, soigné, peigné avec le même luxe, le même raffinement de propreté que les maisons de la ville ; nous avons circulé, sous d'épais ombrages, dans ses allées sinueuses, bordées de pelouses veloutées, et fraîchement tondues.

Le plus grand attrait d'Amsterdam est son musée ; les écoles flamande et hollandaise y sont représentées par de nombreux chefs-d'œuvre. Nous y avons vu des tableaux que nous ne pouvions nous lasser d'admirer. Rembrandt, Van Dyck, G. Dow, Van Ostade, Ruysdaël, Berghem, Wouwermans, y brillent de tout l'éclat de leur génie. Mais la merveille du musée, c'est la *Ronde de nuit*, de Rembrandt, l'un des deux principaux chefs-d'œuvre de ce grand peintre. Il y a dans ce tableau un prodigieux effet de lumière qui éclaire, dans l'obscurité de la nuit, la physionomie, la coiffure, l'équipement et la marche des soldats, et de leur chef. Un vaste palais, à peine encore achevé, va bientôt recevoir ce splendide musée, actuellement entassé dans des galeries mesquines et insuffisantes.

Au sortir de ces suprêmes jouissances de l'esprit, pourquoi ne dirions-nous pas que, de Van Dyck et de Rembrandt, nous sommes descendus à Fockink, et à ses fameuses liqueurs? Parmi les curiosités de la ville, il est un café d'une remarquable originalité, et digne d'être visité ; c'est un pittoresque et riant jardin d'hiver, où les plantes les plus rares poussent, de tous les côtés, dans des corbeilles, dans des vases, et jusque sur des rochers de liège; notre guide nous y a conduits, nous nous y sommes assis, avouons-le sans rougir, on ne va pas à Amsterdam sans boire du curaçao de Hollande!

Mais le temps a des ailes; il est déjà cinq heures et demie : c'est l'heure de l'express de Belgique..... allons coucher à Anvers!..... Le même soir, à onze heures et demie, nous étions rendus dans cette grande ville de 140,000 âmes, sur la rive droite de l'Escaut, et, de notre hôtel de Saint-Antoine, nous entendions le carillon de la cathédrale.

Le dimanche matin, 21 septembre, à peine avions-nous franchi la porte de l'hôtel, qu'à l'extrémité de la *Place Verte*, ornée de la statue en bronze de Rubens, nous voyions se dresser, à 448 pieds de hauteur, majestueusement, et avec une élégance sans pareille, la tour de la cathédrale. En 1521, Charles-Quint, visitant Anvers, disait aux magistrats de la ville : « *Ce monument, Messieurs, vaut un royaume; il faudrait le couvrir d'un étui, et ne le montrer au peuple qu'aux jours des plus grandes solennités.* »

C'était la troisième fois que je venais à Anvers;

mais se lasse-t-on de voir cette immense église aux sept nefs, aux stalles sculptées avec un art infini? se lasse-t-on d'y admirer les plus grands chefs-d'œuvre de Rubens? l'*Assomption*, l'incomparable ornement du maître-autel; la *Présentation de J.-C. au temple;* la *Visitation ;* l'*Élévation en croix*, et surtout la *Descente de croix*, l'un des plus célèbres tableaux du monde?

Jésus a rendu le dernier soupir; un groupe de Juifs l'a détaché de la croix, et le soutient. Sa sainte mère, debout, dans un sublime élan de courage, d'amour et de douleur, lui tend les bras; le divin crucifié, affaissé sur lui-même, descend de la croix, la tête inclinée du côté droit de la poitrine (*inclinato capite*). Jamais l'affaissement de la mort n'a été mieux exprimé; mais si complet, si absolu que soit cet affaissement, on y retrouve encore un rayon de la majesté d'un Dieu. Il faudrait passer des heures entières, en contemplation devant ce tableau. J'ai déjà dit tout cela, dans le premier volume des *Vacances d'un médecin*, mais les redites sont permises quand il s'agit de merveilles.

Nous assistâmes à la grand'messe; les chants furent maigres, pas assez nourris pour les vastes proportions de l'édifice. Ici, de même que l'année dernière, dans la cathédrale de Vienne, nous aurions voulu la maîtrise de Notre-Dame-des-Victoires, dont M. Pickaërt a su faire la première maîtrise de Paris; comme l'ensemble de toutes ces voix, accompagnées et soutenues par d'habiles instrumentistes, eût été magnifique à entendre, sous ces voûtes immenses et séculaires, en présence de la *Descente de croix*, et à l'ombre de cette tour prodigieuse, qui excitait si vivement l'enthousiasme de Charles-Quint!

Après la cathédrale, le Musée!... tous les plus grands maîtres des écoles flamande et hollandaise sont là; Rubens, Rembrandt, Van Dyck, Holbein, Albert Durer, Jordaëns, Memling, Téniers......

Parmi tant de chefs-d'œuvre, il en est un qui m'a surtout frappé, et devant lequel je me suis longtemps arrêté, avec une émotion que je ne saurais exprimer; il a pour titre l'*Agneau de Dieu*. Il représente le ciel, sous la figure d'un délicieux paysage, au milieu duquel le divin Agneau est debout sur un trône; les élus, les saints arrivent en foule vers lui de tous les côtés, le visage radieux, rayonnant de bonheur, et des palmes de victoire à la main. Je n'ai rien vu de plus touchant que cette peinture, rien qui traduise, avec un charme plus saisissant, l'ineffable et ravissante image du ciel; elle m'a rappelé ces beaux vers de Santeuil, de l'admirable liturgie parisienne, dont l'abandon est, à tous égards, si profondément regrettable :

Gentes innumeræ conspicuæ stolas,
Agni purpureo sanguine candidas
Palmis lœta cohors, cantibus æmulis
Ter sanctum celebrant Deum.

(Une multitude innombrable d'élus de toutes les nations, vêtus de robes éclatantes, blanchies dans le sang de l'Agneau, portent à la main des palmes de victoire, et célèbrent à l'envi, dans leurs cantiques, le Dieu trois fois saint.)

Santeuil connaissait-il ce tableau, et s'en est-il inspiré, quand il a composé ces hymnes sublimes de la Toussaint, si palpitantes de l'intuition des joies célestes? Ou bien, au contraire, le peintre de Belgique a-t-il puisé, chez notre illustre poète sacré, la suave inspiration de son tableau?

Mais le poète et le peintre n'avaient pas à songer l'un à l'autre; l'inspiration leur venait d'une source plus élevée, des divines révélations de Patmos:

« *Vidi turbam magnam, quam nemo dinumerare poterat, ex omnibus gentibus...... Stantes ante thronum, et in conspectu Agni, amicti stolis albis, et palmæ in manibus eorum* ».....

(Je vis une grande multitude que personne ne pouvait compter de toutes les nations..., ils étaient debout, devant le trône et devant l'Agneau, vêtus de robes blanches, avec des palmes à la main..).

Ce même tableau me rappelait encore un ancien et précieux souvenir : en 1869, quand je visitai la Belgique, avec ma chère Élisa, il était alors à Gand, recouvert d'un rideau, dans une des chapelles de la cathédrale Saint-Bavon, où le sacristain nous l'a montré; j'en avais gardé une impression qui ne s'était point effacée, et que je retrouvai tout entière, quand, dix-sept ans plus tard, je le revis au musée d'Anvers.

Plusieurs églises d'Anvers sont remarquables à divers titres; la plus belle, la plus grande, après la cathédrale, est Saint-Jacques. Les statues de marbre des douze apôtres sont rangées en avant du chœur, six de chaque côté, et dans la chapelle de l'abside se trouve le tombeau de Rubens et de toute sa famille, représentée par lui-même, dans un de ses plus beaux tableaux, placé au-dessus de l'autel. Ce grand peintre, qui a peuplé de ses chefs-d'œuvre tous les musées de l'Europe, était né à Anvers en 1577; nous avons vu sa maison; il y est mort, comblé de gloire, d'honneur et de richesses, en 1640. Sa statue de bronze est érigée, en regard de la cathédrale, sur la *Place Verte*, la principale place de la ville. Une autre place est ornée de la statue de Téniers, né aussi à Anvers en 1582, et mort en 1649. Ses tableaux, d'une expression si fine et si gracieuse, se reconnaissent, tout de suite, au charme, à la délicatesse, à la perfection des détails. Le Louvre en possède plusieurs, mais les plus beaux que nous ayions vus sont au musée de l'Ermitage, à Saint-Pétersbourg. Les églises de Saint-André, de Saint-Paul, de Saint-Augustin reçurent aussi notre visite. Nous parcourûmes le port, sur l'Escaut, où tous les travaux étaient suspendus à cause du dimanche; le Jardin zoologique, l'un des plus complets de l'Europe, les boulevards, de larges et belles rues nouvellement percées, et, à 10 heures du soir, nous prenions l'express de Paris, où nous arrivions le lendemain lundi, 22 septembre, à 6 heures du matin, après trente-quatre jours d'absence.

MA CHÈRE PAULINE,

Je ne serais, dans mon récit, ni juste ni complet, si je ne disais pas que vous avez plus que doublé pour moi le plaisir de ce beau et grand voyage. Partout et toujours, vous avez été à la hauteur des circonstances ; en Danemark, au château d'Elseneur, votre heureuse mémoire me rappelait les scènes les plus émouvantes du drame de Shakespeare, et les plus suaves mélodies d'Ambroise Thomas. Sur les lacs de Suède, dans les fjords de Norwège, dans les marécages et les rudes sentiers de Laponie, l'aimable entrain de votre caractère ne s'est jamais démenti, vous avez été intrépide et infatigable. Dans les musées de Copenhague, d'Amsterdam, d'Anvers, en présence des chefs-d'œuvre de Thorwaldsen, de Rembrandt, de Rubens, devant la *Ronde de nuit*, et la *Descente de croix*, vous avez montré une intelligence, un sentiment de l'art, qui me charmaient. Bernardin de Saint-Pierre a dit, quelque part, que la pensée la plus chère d'une lettre, ou d'un livre, se trouve à la fin, voilà pourquoi j'ai voulu écrire votre nom dans ces dernières lignes.

E. GUIBOUT.

TABLE DES MATIÈRES

3168-85. — Corbeil. Typ. et stér. Crété

www.ingramcontent.com/pod-product-compliance
Ingram Content Group UK Ltd.
Pitfield, Milton Keynes, MK11 3LW, UK
UKHW020338230726
13925UKWH00003B/864